史料:近・現代の秋田民謡

秋田の民謡、人と唄をたどる

麻生正秋 編著

はじめに

　平成 27 年 4 月から平成 28 年 3 月まで、あきた郷土芸能推進協議会が主催する「シンポジウム－秋田の民謡、人と唄をたどる」において、近現代の秋田民謡の様々な姿について話す機会を得た。

　これは、その際の講話の材料として作成した関係資・史料をまとめたものである。

　さて、言うまでもなく、私たち秋田の地の、特に江戸時代後期以降の「唄っこ」を伴った生活文化を知る上でまたとない史料を提供してくれているのは、菅江真澄の『ひなのひとふし』や『ひなのあそび』あるいは多くの紀行文・随筆文の類である。

　これに加味して、『秋田藩風俗問状答(ふうぞくといじょうこたえ)』や『羽陰温故誌(ういんおんこし)』『秋田日記』などの文献資料を見ていくと、この地で暮らす人々の豊かな芸能生活を垣間見ることができるのである。

　また、江戸時代も 19 世紀以降はある意味で、明治・大正期に連続する生活文化の時代であったので、この部分も含めて、近現代の秋田の民謡史を考えることにした。

　19 世紀に入って、世は文化・文政期を迎えおびただしい江戸の生活文化や風流、流行唄は秋田の地にも入り、例えば今日に続く角館や土崎のお祭り行事が形成されていく。また、いたるところで盆踊りや酒宴の席で「じんこ」「おんどう」「さいさい」と呼ばれた騒ぎ唄などが歌われたようである。

　そういうもののあるものは、昭和期に入っても消滅することなく伝承されたし、逆に、秋田の川反芸妓たちや佐藤貞子、黒沢三一、鳥井森鈴などのような民謡人の登場によって、新しい秋田の民謡が形作られていったのである。

　「秋田音頭」「秋田おばこ」「秋田甚句」「秋田追分」などと、本格的に「秋田…」と名付けた民謡がレコードに吹き込まれ普及していくのもこの昭和初期以降であった。

　あわせて、ＮＨＫ秋田放送局も開局し、人々はラジオをとおして民謡を直に聴くこともできるようになった。これによって、黒沢三一のみならず、例えば、「本荘追分」の加納初代、「秋田甚句」の加賀谷カネ子、「北海荷方節」の永沢定治、「三吉節」の田中誠月、尺八の畠山浩蔵や斎藤如水などにも親しむことができたのである。

　また、田口織之助が主宰した「田口舞踊会」や小玉暁村が育てた「仙北歌踊団」の活躍はまさに仙北民謡が秋田民謡に発展していく姿そのものであった。

　戦前、日本青年館が主催した全国郷土舞踊・民謡大会には、秋田からは「角館の飾山囃子」と「西馬音内の盆踊」が出場しているが、会の指導をしていた郷土舞踊研究家の小寺融吉と親交の深かった小玉暁村の尽力ぶりが成果をあげたものであったことを知る人は案外少ないのではないだろうか。

　私は、こうした様々な側面から、昭和初期という時代は民謡界にとっては画期的な時代であったと考えている。

　連続講話では、その後の事績として、昭和 16 年 5 月の「東北民謡試聴会」や昭和 18 年の「秋田郷土芸術発表大会」のこと、さらに戦後しばらく続いた「全県芸能競演会」のことにもふれ、当時歌われた民謡の姿や登場した唄い手たちの魅力も考えてみた。

　戦後に始まったＮＨＫのど自慢大会は多くの新しい民謡人の登場に大きな役割を果たしてきたことは、秋田からだけでも 7 人の民謡日本一を輩出したことからも頷ける。

　しかし、こうした事績は、明治・大正、昭和初期そして戦前の大きな民謡の大会へと、連続して民謡を愛する人々の活動やかかわり、また優れた民謡人たちの努力があってはじめて見えてくることではないだろうか。

　私はそんな想いも込めて秋田の近・現代の民謡の歩みをながめることにしたのである。

<目　次>

はじめに

Ⅰ　秋田民謡－明治・大正時代の姿 ……………………………………………………… 5

（1）記録された秋田音頭や秋田の盆唄 …………………………………………………… 7
　　1・領内の盆の頃－『風俗問状答』の記録から ………………………………………… 7
　　2・領内の盆躍－『伊頭園茶話』が記した盆踊模様 …………………………………… 8
　　3・『大曲邑の盆踊』から見えるもの …………………………………………………… 9
　　4・『大曲邑の盆踊』の盆踊唄と「俄(にわか)」や「よなか」の流行 ……………………… 10
　　5・『ひなのあそび』の記録から－「掛け踊」の風 …………………………………… 11
　　6・『我村の落書』に見る「踊掛合」と「さうか」のこと …………………………… 12
　　7・名物「秋田音頭」－『秋田日記』と『植田の話』 ………………………………… 14
　　8・『羽陰温故誌』の記録－「川崎躍」と「櫓躍」 …………………………………… 15
　　9・藤田庄八翁と「松ちゃ」こと佐藤雨香の「秋田音頭」 …………………………… 16
　　10・『知られたる秋田』に紹介された秋田民謡－「サイサイ踊」と「秋田音頭」 …… 18
　　11・川端芸妓連の活躍が残したもの …………………………………………………… 19
　　資料：図説－秋田音頭の形成と伝播 …………………………………………………… 20

（2）秋田オハコ節と大葉子節 …………………………………………………………… 21
　　1・近藤源八著『羽陰温故誌』中、「第二十六冊（人情風俗の部・乙）」の「オハコ節」… 21
　　　①明治年代のこと－「我カ仙北地方ニ現存セル」唄の「オハコ節」 ……………… 21
　　　②名人＜鄙人＞がつくる「オハコ節」の数々 ……………………………………… 22
　　　③「俗ニアラズ」「卑ニアラズ」－「オハコ節」は＜鄙人＞の花であり生命である … 24
　　2・＜ろしう生＞が連載した「末娘(おばこ)節物語」…………………………………………… 26
　　3・『田沢湖案内』中（九）湖畔の歌謡にある「おばこ節」 …………………………… 28
　　資料：平岡専太郎著『日本風俗の新研究』に載る「大葉子節のこと」の説明文から … 29

（3）佐藤貞子や関屋敏子の活躍 ………………………………………………………… 30
　　1・「おばこの女王」佐藤貞子の誕生－大正期の活躍 ………………………………… 30
　　2・「おばこ」の飛翔・関屋敏子のこと ………………………………………………… 31
　　資料：佐藤貞子と関屋敏子－二人の足跡から ………………………………………… 32

（4）後藤桃水に出会う鳥井森鈴の飛躍 ………………………………………………… 37
　　1・鳥井森鈴の生地・五城目－「ジャンゴ追分」の伝播と定着 ……………………… 37
　　2・鳥井森鈴の「秋田追分」 ……………………………………………………………… 38
　　資料：小玉暁村の「秋田追分」批評－『郷土芸術往来』でふれる ………………… 39
　　資料：年譜－鳥井森鈴の略歴（要約編） ……………………………………………… 40
　　資料：鳥井森鈴の活躍の断面 …………………………………………………………… 42

Ⅱ　秋田民謡－昭和初期から戦前まで ………………………………………………… 45

（1）小玉暁村や田口織之助と仙北民謡 ………………………………………………… 47
　　1・田口織之助－飾山囃子と仙北民謡の普及振興に尽くす …………………………… 47
　　2・小玉暁村による仙北民謡の発信－「秋田民謡」へと成長 ………………………… 48
　　資料：全国郷土舞踊民謡大会の記録から ……………………………………………… 49
　　資料：田口舞踊会の活躍を物語る「郷土芸能記念碑」を見る ……………………… 50
　　資料：年譜－小玉暁村の活躍の跡 ……………………………………………………… 52

資料：『秋田郷土芸術』に取り上げられた主な郷土芸能や民謡 …………………………… 54

（2）UK放送がもたらしたもの ………………………………………………………………… 55
　　1・UK秋田放送局開局記念放送をながめる ……………………………………………… 55
　　2・UK秋田放送局開局記念放送－仙北からは＜田口舞踊会＞、由利からは斎藤如水他 … 56
　　3・UK放送の果たした役割－西宮徳末や田中誠月などの多彩な民謡人の活躍 ………… 57
　　4・UK放送の果たした役割－「俚謡マイクの旅」や「俚謡講座」の番組 ……………… 58
　　5・UK放送の果たした役割－＜俚謡の國・秋田＞、地域色豊かな民謡紹介 …………… 59
　　資料：UK秋田放送局開局記念放送に出演した人々 ……………………………………… 60
　　資料：永井錦水を語る－二女の佐藤敏さん ……………………………………………… 60

（3）東北民謡試聴会 …………………………………………………………………………… 61
　　1・「東北民謡試聴会」－昭和16年5月のこと …………………………………………… 61
　　2・「東北民謡試聴会」の実施概略、そして秋田市開催でのエピソードなど ………… 64
　　3・「東北民謡試聴会」で歌われた秋田民謡－秋田市周辺や由利地域から …………… 66
　　4・「東北民謡試聴会」で歌われた秋田民謡－仙北の民謡人たちの出演 ……………… 67
　　資料：前年そして当年に派遣された県派遣演芸団を見る ……………………………… 68

（4）郷土民謡公演 ……………………………………………………………………………… 70
　　1・大日本民謡協会発会式と秋田の郷土芸能－昭和17年2〜3月のこと ……………… 70
　　2・「秋田郷土芸術発表大会－郷土芸能四〇種公演」－昭和18年9月のこと ………… 71
　　3・戦中を通してみた鹿角民謡の紹介－昭和12年の放送や18年の「四〇種公演」を見る　73
　　4・「四〇種公演」で紹介された秋田市周辺の民謡 ……………………………………… 74
　　資料：年譜－戦時中の秋田民謡界の主な動き …………………………………………… 76
　　資料：年譜で見る民謡人・永井錦水と田中誠月及びその周辺 ………………………… 77

Ⅲ　郷土芸能による地域の再生　…………………………………………………………… 81

（1）全県芸能競演会がもたらしたもの ……………………………………………………… 83
　　1・地域の再生へ－郷土芸能や民謡人を支えた全県芸能競演会 ………………………… 83
　　2・大会を概観する－12回まで行われた芸能競演の絵巻 ………………………………… 84
　　3・「荷方節」で成長した若き民謡人のこと ……………………………………………… 85
　　資料：第2回全県芸能競演会に出演した南秋田郡太平村本町青年会の皆さん ………… 86
　　資料：全県芸能競演会やNHKのど自慢大会と新たな民謡人の登場 ………………… 87

（2）優れた民謡人が育てた「民謡の国・秋田」 …………………………………………… 88
　　1・初代浅野梅若－その民謡修業時代 ……………………………………………………… 88
　　2・初代浅野梅若－昭和20年代という時代 ………………………………………………… 90
　　3・民謡人が民謡人を育てる－浅野梅若につながる群像を見る ………………………… 91
　　4・民謡に生命をかけた民謡人－成田与治郎と東海林叶江を見る ……………………… 92
　　資料：戦後につながる民謡人の群像〈初代浅野梅若を軸として〉 ……………………… 93
　　資料：民謡人・成田与治郎の年譜と記録写真 …………………………………………… 95

（3）「生保内民謡正調の会」から「田沢湖町郷土芸能振興会」へ ………………………… 98
　　1・生保内民謡の保存継承活動 ……………………………………………………………… 98
　　2・優れた文化遺産—田沢湖町に伝承の古民謡を見る …………………………………… 100
　　資料：姉こ節〈あねこ節〉について ……………………………………………………… 102

あとがき ……………………………………………………………………………………………… 104

表紙絵の解説

・〈秋田民謡研究の祖〉と讃えられた小玉暁村の50代頃の姿。田口織之助とともに「角館の飾山囃子」を全国に知らしめた功績は大きい。

小玉暁村

・生保内民謡の保存と継承につとめた田口キヨノの昭和30年頃。姉さんかぶりで「生保内東風（おばね）」を歌う姿は印象的である。

田口キヨノ

・若き日の鳥居森鈴。盟友・田中誠月と共に「秋田追分」「三吉節」などを世に広めた。「船方節」の森八千代や「本荘追分」の加納初代を発掘した人でもあった。

鳥井森鈴

・晩年の佐藤貞子「おばこの女王」と称され、仙北民謡を秋田民謡として歌った功績は大きい。

佐藤貞子

・壮年期の黒沢三一 彼の歌う「荷方節」や「馬方節」「おばこ節」などは絶品であった。〈名唱・三一〉と称された。

黒沢三一

・壮年時代の高力市太郎 斎藤如水とともに「本荘追分」を世に発信した人であった。

高力市太郎

秋田民謡人の群像

I 秋田民謡
──明治、大正時代の姿

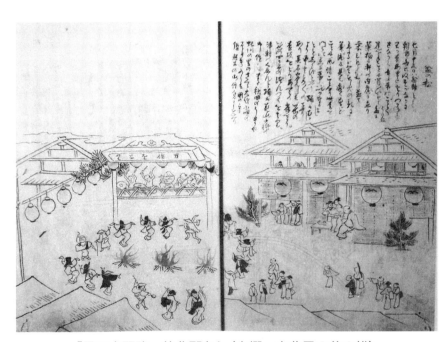

『月の出羽路　仙北郡九』〈本郷　大曲邑の盆の松〉

三越の銘産陳列会余興に出演した川端美人連の秋田音頭

『月の出羽路　仙北郡九』〈本郷　大曲邑の盆の松〉（文政9年（1826））
　七月十三日の盆の肆（市）で盆の松を庭先に飾る風が読みとれるとともに、櫓に「万作をど里」と掛けて、盆踊りが行なわれていた様子を知ることができる。図の解説文中に、当時流行していたと思われる伊勢松坂踊、近江の雀踊、伊勢四日市のづんつく踊、津軽のげんじ踊などが紹介されている。秋田領虻川のそよぎぶしのことも記されているのが興味を引く。様々な流行唄が踊りに唄われた俄踊の風も思わせる。
　櫓の囃子方の様子や、踊り手達の装いなどから、現在、私達が見る西馬音内の盆踊に似ていることが知れる。盆中のことなので、精霊供養の意味もあろうが、もともとは豊年踊として人々が踊り明かすものであったろう。踊り上手の芸妓らしき人の姿もみられ、あるいは踊りの音頭をとっていたのかも知れない。かつて山形県の米沢を訪問した時、そういう話を地元の方から聞いたことがある。（麻生記）

三越の銘産陳列会余興に出演した川端美人連の秋田音頭
　大正13年、東京・三越呉服店の東北銘産品陳列会に余興出演した秋田市芸妓連の「秋田音頭」。当時秋田を代表する民謡の一つがこの「秋田音頭」であった。
　写真は大正13年3月16日付、秋田魁新報に載ったもの。

(1) 記録された秋田音頭や秋田の盆唄

１・領内の盆の頃ー『風俗問状答』の記録から
『風俗問状答』（文化11年（1814）、那珂通博著）
七月の項＜盆をどりの事＞

　「廓外の町々にて十四日より二十日まで踊り、八月朔日には、城西の山王の広庭へみな出て踊る。是を踊をさめと云。踊は暮より夜半過るまでなり。山王にては昼のうち也。踊る体、町の中へ階子(はしご)にて場取置て、軒へ、わたり二尺ばかりの大なる太鼓をかけ、これを打つ。踊子誰となくより群て、五十人六十人、場取のうちへ輪に成てをとるに候。…」

←盆踊りの形態
　およそ一週間にわたり各町内毎に盆踊りが行われていた。
　戦前までは七日間踊り明かすところが結構あった。
　八月朔日には八橋山王の広庭で踊りをさめ
←外町の各町内で行われていた盆踊りの櫓組み

　「うたの文句さまざまあり。
〽そろたそろた踊り子はそろふた　稲の出穂よりまだそろた。
〽さてもうつくし踊子の顔よ　いさよひ（十六夜）ころの月のかほよりも。
うたの曲節ことにゆるやかに声長ううたひ、踊の手品も、のびやかなる事に候。**それよりやや変りて半音頭といふに成**、大鼓も能の大鼓のごとくし、三味線、鼓、笛にて曲節手品、稍々繁数に成候も五十年来の事にて候。」

←文化10年頃から遡ること50年とするとだいたい宝暦年間から続く様子だったことが知れる。
　曲節ははじめはゆるやかに
　途中から音頭となり、曲もだんだん速くなり太鼓のリズムも激しく三味線、笛、鼓も入り賑やかになることを説明している。

●かつて久保田の城下で歌われていたであろうこの盆踊り唄が、周辺部にも伝わり多くの人々に歌い継がれてきた。
　城下から離れた農村部の女米木(めめき)や種沢の「盆踊り唄」として「いやさか」「きたさか」などの曲調を持つ唄が歌われたろう。

●秋田市太平から新城方面の地域で歌われてきた「秋田盆唄」も類似の曲調だ。
　同じ伝播と流れを持つ越後甚句系の曲調である。
●この唄の流行の時期などを考えてみると、だいたい『風俗問状答』の書かれた時期と一致してくる。偶然ではないなと私は考えている。

←＜うたの文句＞やゆるやかな曲調を持って歌われていたことから、広く河辺周辺から男鹿南秋方面にかけて歌われていた
　７７７５型の近世調の越後甚句系の曲調であった。
　この唄と同様の曲調と思われるものが昭和60年頃の県教育委員会の「民謡緊急調査」の時収録された。

2・領内の盆躍ー『伊頭園茶話』が記した盆踊模様
『伊頭園茶話』（石井忠行著）
同書「一の巻」（文久年間筆）

「百年ばかり前に内町の盆踊は女倅二三人四五人門内に集り太鼓など囃子もなく踊りしといふ。衣装は木綿の単物或は帷子（かたびら）なとの裾へおふく面天狗面など紙に画き裁抜たるを糊（のり）にて張しといふ。」

←内町の子ども達の盆踊りの様子（文化年代までこの風俗か）

●米沢城下の盆踊りの風
・明治年間の『風俗画報』に載る

　幕末前後の風として、おたふく面や天狗面を顔につけて踊る人々が見える。
　仮装したり貼り付けすることは一つの流行であったし、そうすることでいつもとは違った日であった。

←江戸では「小町踊」というものがあって、七月十五日頃から月末にかけて主に女児のする遊びがあった。
　いわゆる「七夕踊（たなばたおどり）」である。
　わが秋田領は久保田の城下にもこの風習は入っていた
　－江戸勤めを終えた役人などが持ち帰った江戸の風流か？
←おおよそ嘉永年代の1850年頃になる。
　＜鶴と亀・竹に虎・荒波に鯉＞。何とも目出度い、勇壮な模様を誂（あつら）えたものであった。

「此十年ほど前などは装束盛になり緋縮緬（ひぢりめん）板〆ちりめん其外おもひおもひ着飾り黒天鵞絨（びろうど）の廻しに花々敷色取たる押絵を置もあり縫箔の鶴亀竹に虎荒波に鯉など玉眼を入下りに金糸抔用ゆ。此廻しをせぬものは恥て連中に入らず連中も仲間の疵（きず）なれば入れぬ振合也。」

「斯る出立（いでたち）にて七八人乃至十人余一ト群にて楢山より手形迄も行、保土野より楢山へも来り笛太鼓金盥などはやし立しなり。**又町家の若き女共まれに内町へ入て踊歩行き御小人御厩の若きもの共男女入交りて内町を踊る、是は取分け面白しとて花を貰ふしとぞ。**五六年此かた御沙汰ありて止みぬ。」

←盆中内町の連中は随分遠出をしてはやし立てていた様子が見える。城下の端から端への囃子巡行である。

←廓外の若い女共が内町にて踊り歩いていた。
　御小人や御厩務めの若衆が彼女らと一緒に踊る風もあった。

●この女芸人は保戸野に近い花立町の芸人の集団であったろうか。彼らはこの無礼講の期間に思う存分自らの芸を披露できた。
●郷土史家の**栗田茂治**の「秋田音頭異説」（『月刊秋田』昭和9年8月号）
　この中で＜仙北郡花立村の住人が佐竹遷封以後に秋田の町に移され花立町を立町させられたが、彼らによって芝居風の芸術、踊風の芸術が伝えられ、足利期を思わせる秋田万歳も伝えられた。＞といったような内容を書いている。
　久保田の城下で花立の芸人が歌い踊ったものには仙北の騒ぎ甚句「サイサイ」のようなものも伝播し、「いやさか」と「さいさい」の混合した曲節が工夫されたのだろう。
　「秋田音頭」の曲調の工夫もあったろうか。

3・『大曲邑の盆踊』から見えるもの
菅江真澄の『月の出羽路仙北郡九』＜本郷　大曲邑＞、
「盆の松」のこと

●旧七月十三日の盆の肆（市）で年の瀬の市と同じように若松が売られそれを庭先に飾る風習が図に画かれている。
●家々の前では赤く燃えるかがり火を囲んで盆踊りが踊られている。提灯に簾を懸けた家々の様子がみれる。
●囃子方はこれだけでは軒上に組まれていたようには見えないけれども、その屋台で曲を奏で或いは声を張り上げて歌っていたのであろう。
　屋台に＜万作をと里＞と横断幕を懸けている。

（参考）小玉暁村の実著『秋田郷土芸術』の中に「豊年躍」のことが記録されている。
　＜西馬音内の盆踊り＞を当時はそう表現していた。
　盆供養のみの踊りではなかった。

●踊り手を見てみると、踊りなれた娼妓らしい人、虚無僧や坊主らしい人、野良着を着て踊り住人、町家の若旦那風の人、行商人風の人、そして彦左頭巾を思わせる黒覆面の踊り子が交じる。

●盆踊りを踊っている人が誰かを知れぬようにして踊る風は今も西馬音内の盆踊りを見てもよく分かる。普段の自分とは違った人間がそこに存在する。異空間の場でまた別の人間が踊り狂うのである。
　見物人もいるが、どちらかというと踊りを楽しむのが当時の風であった。
　盆踊りは見るものではなく踊るものであった。

←文政年間（1820年代）のこと

←土地の資産家が並ぶ家の前での盆踊りであった。

←盆踊りは「万作おどり」
　当時から盆の先祖供養という意味合いよりは一時の無礼講を楽しむ娯楽としての盆踊りであったことを示している。そこには豊年万作や五穀豊穣を祈る人々の願いも込められていた。

←踊り上手の存在
　踊りを先導していたのは娼妓ではなかったかと想像する。
　山形や米沢を訪れた時、土地の方に＜盆踊りの先導は芸者衆であった、芸者衆の踊りを真似て踊ったものだ＞と聞いたことがあるからだ。

←昭和30年頃の種沢の山王堂のあたりで踊られていた盆踊りの見聞から

　櫓がけの形やかがり火を囲んで踊られる盆踊り、そして踊り子達の風情、踊り子の衣装などを総合的にみても これは西馬音内の盆踊りの形式と殆ど同じである。
　踊り子の様子に雑多な姿を見る点で今日の西馬音内の盆踊りと異質であるが、私は多分古い時代の各地の盆踊りは菅江真澄が大曲で記録した姿そのものではなかったかと考えている。

4・『大曲邑の盆踊』の盆踊唄と「俄(にわか)」や「よなか」の流行

『月の出羽路仙北郡九』＜本郷　大曲邑＞、
「盆の松」の絵に記された当時の流行の盆踊り唄
「伊勢松坂踊」
「近江雀踊」
「伊勢四日市のづんつく踊」
「津軽のげんじ踊」などを紹介

←江戸に伝播して華やかに変化した伊勢の流行唄にのせた音頭が流行っていた。

● 「津軽のげんじ踊」
　これは菅江真澄が「のきの山吹」（文化８年（1811））に、江戸初期に京都で不始末事件を起こして蝦夷奥羽へ流された花山少将忠長(かざんしょうしょうただなが)が津軽配流中に創作した盆踊り唄と伝えられると記した、その唄なのであろうか分からない。

●ここに記されていないが、この頃には広く南部地方に歌われていた騒ぎ甚句系の「サイサイ」の曲調が好まれていたか？。
　今日の「仙北のさいさい節」の原調になろうか。

「角間川の盆踊り」のこと

・大曲近郊の角間川あたりでは文化文政年間頃に「仁和加」というものが盆中盛んに唄われそれにあわせて即興ともいえる振りで踊られていた。
　盆踊りの一形態である「俄(にわか)」のことで、大坂や兵庫などの関西各地ではよく聞く踊りの形態である。

←田牧精一郎氏の「角間川の盆踊りのこと」（平成３、秋田魁）

●田牧氏の説明から、「仁和加」という庶民の娯楽としての**即興踊り**があったのが丁度菅江真澄が『月の出羽路仙北郡九』＜本郷　大曲邑＞を記した文政年間にあたる。
　旧盆中の１４～２０日にかけて小作人や雑役従事者達が町の地主門宅前で踊っていたという。
　屋台に書かれた＜万作をと里＞即ち「万作おどり」は文字通り豊年万作、五穀豊穣を願っての農民の祈りを込めた踊りであった。

←現在の「角間川盆踊り」の形が出来るのは、大正年間。

(参考) 人見蕉雨著『秋田紀麗』（文化元年（1804））
・旧七月二十一日に＜牛嶋の萬作躍＞のことを記す。
　七月は久保田城下内外は踊りで明け暮れる日々であったらしく八月朔日の矢橋山王での＜踊り納め＞まで続く風習であったらしいが、この＜牛嶋の萬作躍＞がどんな踊りであったかは詳しい説明はない。

←曲調の想像
・久保田城下の近在ならば「秋田の盆唄」に類する「いやさか」の流行唄
　大曲周辺ならば騒ぎ甚句の「さいさい」調の流行唄

5・『ひなのあそび』の記録から―「掛け踊」の風
『夷捨奴安装婢（通称「ひなのあそび」）』
（文化6年（1809）菅江真澄著）

・十三日（富美通喜＜文月＞）の出来事

「魂齋（ほかい）するゆふべより、廿日夜かけて盆踊ぞせりける。其躍に品あり、「あねこもさ」「袖子おどり」「ばらばらおどり」「ちらしおどり」「三脚」「打小身」「三勝」などとりどりなれ、さんかつはさうがもあらず、ただはやしのみして躍りぬ。そがくさぐさの諷辞など、いとふるめかし。おほつづみを二ツも三ツも肩に掛てうち鳴らし、こと村に入れば**「他郷へ越えて来た、僻（ひけ）とるな、ふしが揃はぬ御免なれ」**と唄ふを聞て、その村の踊り子等声を揃へて**「俄おどりを掛られた、足がそろはねごめんなれ」**亦**「唄の地を聞けふしをきけ、ふしがそろはねでゃごめんなれ」**とも答へ唄諷ふ也。…」

←文中に載る「あねこもさ」「袖子（そで）おどり」「ばらばらおどり」「ちらしおどり」「三脚（みあし）」「打小身（うちこみ）」「三勝」

・「飽田の盆踊いつらとはいへと、わきて馬場の目山里はいとふるめきてあはれもふかし、はた五城の目の近きわたりにて唄ふ、浦の館から出た處女（めらし）としは十七なは虎子、しかすかに浦のあるし三浦統の乱のころよりうたふものかと、その世そ偲（しの）はれたる。又、戀し北野のわせつばな男通へば二度はらむ、北野は立野の牧ちふあけつらひもあれは、いにしへは廣野にて今も田となり畠作り、ところところに人も住つへけれと、さゝやかならず。」

←久保田の俳画人五十嵐嵐児（らんじ）の絵とされるものが二枚載る。
　絵の上に記された真澄の説明書き。

●文中の＜浦の館から出た處女（めらし）としは十七なは虎子＞は、同じ唄が文政4年（1821）の日記『雪の山越』にもあり、この続きとして＜いまを盛りと咲きたる花よ人が見たがる折りたがる＞と記されている。
ものであろう。

●＜戀し北野のわせつばな男通へば二度はらむ＞という歌詞から盆踊りの一形態である掛踊りを想像させる。

●＜わせつばな＞は何ともうら若い女性を表現した艶なことば。盆中若者達が求めた心中の一端がこう表現され盆踊りを盛り上げたのであろう。

←二つの歌詞が7775調の近世小唄調を示している
　中世末期の＜三浦統の乱のころよりうたふもの＞とはいえなく、**文化年間当時全国的に流行っていた盆踊り唄の歌詞を示す。**

6・『我村の落書』に見る「踊掛合(おどりかけあい)」と「さうか」のこと
畠山鶴松翁著『我村の落書』
（昭和54　第三期新秋田叢書所収）　　　　　　　　　　　←郷土史家、文学者の故小野一二さん（五城目町）が翻刻したものになる。
- 畠山鶴松（五城目町富津内下山内）は明治28年生まれ。
- 戦前までの五城目周辺の盆踊りの姿が記された。
- **「年中行事」中に載る記録。**　　　　　　　　　　　　←真澄の時代そのままの姿が記録された貴重な資料

「…当時の**盆踊の掛合**（踊掛のことである＝麻生注）は上山内と下山内は一番初めで十五日。十七日になると、一晩に浅見内、湯ノ又、富田と三村も掛合する。…（略）…どこの村へ行っても踊りの中間で中入と云ふて、お酒と握飯を御馳走するものであったから、時間がかかるものである。十九日頃は、高崎、坊村、下高崎にも掛合に行く。そのたびに喧嘩するものであった。老若男女真剣に踊り、唄も太鼓も勇しかったもので、其の意気地が喧嘩の動機になったものであった。…」

　　盆踊りの掛合のことを記した。

●盆踊りは14日から始まるが、この日は村中で子どもや若い娘達が踊るものであった。　　　　　　　　　　　←山内は現在の国道285号線沿い、浅見内方面は山内から北東方向、高崎はその南西方向で、おおよそ一里くらいが踊掛合の範囲であったことがわかる。

　踊掛合は15日から始まった。
　盆踊りは見せるものでなく、**村民が踊り明かすもの。**

（参考）＜さうか＞の風。
- 真澄の『ひなのあそび』中
「さんかつはさうがもあらず、ただはやしのみして躍りぬ」と表現した部分。　　　　　　　　　　　　　　　　　←「さうか」即ち「早歌」は戦国時代の武将達が例えば「物尽くし」や道中を歌い上げる「道行き」物語を酒宴で聞く風があったらしい。
- 菅江真澄の『ひなのひとふし』中の「おなじ郡（胆沢の郡）、西根山ふり、いはいうた」
　　ー祝いの席で酒振るまいなどがあるとき、小歌舞が舞われるが、その折りに「〽酒はもろはく　おさくはお玉、おさかなには西根の池の鯉鮒　さしたきかたは　あまたなり、さしたきかたは　唯ひとり。…」と「歌をさうかする」「盃をもて人にさすとき、しか唄ふふり、ことにふりたり。」ともある。

長い歴史の経過の中で、多くの民衆も酒宴でこうした風を楽しむようになったか？
その名残が、例えば胆沢の郡で真澄が聞いて記録した「さうか」であったろう。

●酒宴の席で中世の風流「小歌舞」が舞われ、賑やかに酒の振る舞いが行われていたことがわかる。
　曲調は誠にひなびたものであったろう。
　「にしねやま」と呼ばれた賑やかな節にのって酒盛りし歌い舞われていた。　　　　　　　　　　　　　　　　←575,7775、5757などの型でさまざまに歌詞を綴る古風が奥羽には江戸末期まで残存していた。

●盆踊り唄「さんかつ」はこうした「さうが」を伴わないいたって古風な踊りの唄であったということになろう。

民謡「ひでこ節」や「おばこ節」にも見てとれる。

畠山鶴松翁と「我村の落書」

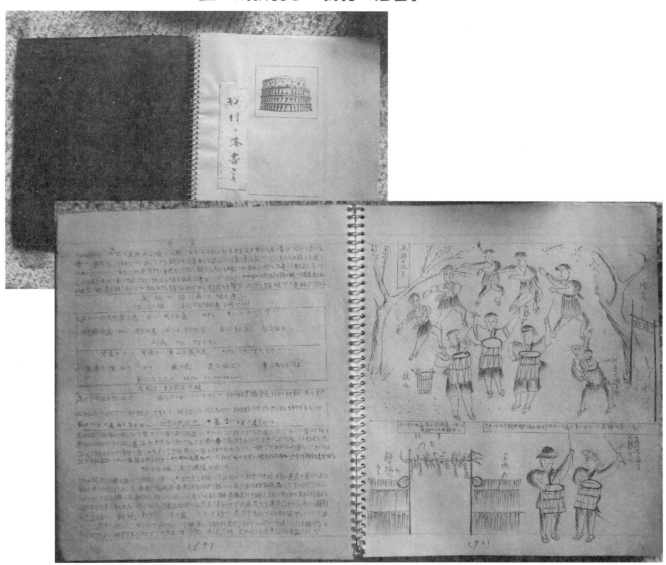

- 畠山鶴松は、明治28年に五城目町富津内の下山内に生まれる。
- 農業のかたわら、山内番楽の保存と継承、後継者の育成に尽力した。
- 昭和45年に五城目町の文化功労者。昭和62年、92歳で没した。

- 上の写真は、村に古くから伝わってきた民俗行事や年中行事を「**我村の落書**」としてまとめたノートである。
- 数多くの図絵を描き、その様子を克明に記録した。
  旧7月（盆の月）のところには、**つきしこの唄（ソデコ）やドドドコの唄などの盆踊り唄やその踊りの姿が記録**されている。

- **息子の畠山耕之助さん（昭和3年生）が大切に保管・管理**している。

7・名物「秋田音頭」－『秋田日記』と『植田の話』

◆気仙沼の大工、熊谷新右衛門著『秋田日記』
（天保8年（1837））
● 「ヲントウ」と記す「秋田の踊、おんどう」を紹介。　←江戸吉原芸妓の風俗を真似て伝播した当時一般の娼妓達の姿なのであろう。
● 踊り手の図から、地元の娼妓の姿態は寛政期以来流行していた伊勢踊りの踊り子達の風俗によく似ている。

・「チョイトなのはの朝茶漬　枕コにござこに二枚屏風こ　ドドンガドン　ドーントセー」　←＜なのは＞は娼妓のこと。田舎芸者はよく＜腐れなのは＞呼ばれた。
「戸棚のすみこの笊このひるこを　味噌コであいたとさ　笠コですくって座頭こに食せでうまいと喜んだ　ドドンガドン　ドーントセー」（一部改め）
　＜戸棚のすみこの…＞の歌詞～昭和初期頃の歌詞を見ると＜棚コの隅この＞と変化する。
・囃子詞に「ヤッサイ　ヨーイト　ハリャナ　ハリャナノナァ」「ドッコイ　ハリハイナァー」などとある。

◆明治20年代に植田の近泰知が著した『植田の話』。　←歌詞は現行の「秋田音頭」と同類。
　当時の盆踊り「植田踊り」が紹介されている。
　旧7月14日から20日にかけて踊り明かされていた。久保田浪士の星野某が「久保田踊り」を伝授したという。唄の囃子詞に
「ドンドッコエ　ハリワイナ「ドッコエナ　ドッコエ　ハリワイナ」などとある。　←これは『秋田日記』中に記されたものと同類である。
　今＜ハリワイナ＞は歌わない。

◆『平鹿町史』の記録　←「秋田音頭」は広く「久保田踊り」として伝播し踊られた。
・淺舞にも明治20年代前半に秋田市豊島町の大工の棟梁が「秋田の久保田踊り」を盆踊りで披露していた。
　同じ淺舞の田中の上村家にも伝授されていたようで、これを「田中踊り」と称していた。盆踊りに「秋田音頭」が歌われた。

● 旧雄物川町福地の歴史を記した『ふくちの昔をかたる』（昭和52　雄物川町教育委員会）には地元の深川吉太郎の収集として「秋田音頭」が載る。
　囃子詞は「ヤートセ（コラ秋田音頭です）ハイ　キタカサッサ　ドン（太鼓）　ドッコイサ　ドン（太鼓）　コイナ」。　←大正以降の囃子詞から、ほぼ今日の形が定まったものであろう。
● 旧森吉町公民館編『ふるさとのうた』（昭和54）には「ヤートセイーヨイナ　ハードトンノドンドン　スットンドン　ドン　ドッコイナ」とある。
（参考）「秋田の音頭」という記述では『雪の出羽路・平鹿郡』（文政8年（1825））の「根子箆（ねこへら）」中の「秋田ノ音頭囃シの詞」に「其方父田村の根ッ子掘りだ、うそだらつら見れ真黒だ」とあり、こちらの方が早い。

8・『羽陰温故誌(ういんおんこし)』の記録－「川崎躍」と「櫓躍」

『羽陰温故誌』（近藤源八著、明治36 『新秋田叢書』所収）

・同書中の「盆躍」

「盆躍　此月十六日ノ夜ヨリ始マリ、旧藩政中川崎躍リト云事アリ。船舶ノ諸税ヲ統轄スル出入役所ト云ヨリ躍初メ、夫レヨリ町々巡ル。廻船問屋又ハ附舟宿ニテ、之ヲ留メテ客ノ馳走トス。又、**櫓躍ト云アリ。秋田管内屈指ノ躍ニテ、**町一丁又二町ニ大櫓ト云掛ケ、種々人形ヲ置キ、種々ノ絵ヲ書タル大奉書紙ト云巾一間余ノ紙ヲツキタル、何枚トナク櫓ノ両側ニ吊リ、裏ニ数百本ノ蝋燭ヲ点シ中央万燈ヲ掲ケ、花道ニ行列シテ踊ル。其姿千変万化善儀ヲ尽ス。夜々賑々タル者ナリ。**其躍ノ囃子ニ、秋田音頭**

いづれ是より御免を蒙り音頭の無駄を言う。お気にさはりもあらうけれども、さっさと出しかける、ソレソレ。

一丁目小路のくされ菜の葉を、必ず買うこてない。三百取られた揚句の果てには、鼻までもんがれた、ソレソレ。

ト云テ囃スナリ…」

←おおよそ天保から慶応頃の様子らしい。

当時土崎では盆踊りは１６日から始まっていた

出入管理役所を皮切りに町内を巡り歩いた→通りの流し踊りであった。

船宿あたりでは客接待の余興ともなっていた。

「川崎躍」といっていた。

> 私はかつて伊勢市河崎の船宿や米穀藏などの並ぶ町並みを訪れたことがあった。その通りの道幅は意外に狭く盆踊りの頃などは人と肌が触れあうほどだなという印象を持った。「伊勢の台所」として賑わったこの界隈を「伊勢音頭躍り」を流して躍り歩いた時代があったのだろう。
> 　船宿の前面を結構幅の広い勢田川が流れる。川向かいには茶屋や風呂屋が並んでいた。
> 　こんな伊勢の河崎あたりで大流行した「伊勢音頭躍り」を土地の人は「川崎音頭踊り」と呼んだ。東西の物資のターミナルであった河崎は遠く江戸や大坂ともつながっていた。この風流は土崎にも上陸していたのである。

・同書「年中行事等の部　七月之部」

「踊　毎度、大人・小人街頭に踊ヲナス。**懸踊・念仏踊・題目踊・燈籠踊・伊勢踊・木曽踊・小町踊・七踊等アリ。**」
「男女焚火ヲ繞(めぐ)り踊ルノ風面白シ。**市ニハ例の秋田音頭ヲ踊ル**。昔シハ内町ト外町ト音頭及踊ノ風ヲ異ニセリ。内町ハ武骨所ニ味ヒアリ、…（略）…外町ハ稍々和カナリ。現時は全ク踊トナリシモ、踊トナタス素朴ナル所ニ趣アリ云々。」

←この頃の久保田城下など〈秋田ノ都邑〉の踊りやその風も記している。

←内町と外町の「音頭」の踊りの風を比較して興味深い。

●盆中の７月は踊りの月。久保田の城下には「秋田音頭」のみならず当時流行の数々の踊りが入っていた。
●祖先供養の色合いを持つ踊りの風や小町踊、七夕踊のような子ども達の踊りの風も残っていた。

9・藤田庄八翁と「松ちゃ」こと佐藤雨香（うこう）の「秋田音頭」

◆角間川に生まれた藤田庄八

・佐藤清一郎著『映画街・演劇街』（昭和51）によれば、秋田市に床屋見習い修行で来ていた明治１８年頃、時三郎という役者や中島軍太という人の母について唄と踊りを習い「秋田音頭」を習得したという。その手は古式のもので日下流柔術の手であったという。

　・孫の藤田正典さんの話では祖父は生涯定職を持たなかったらしい。

　若い頃に手に職を持たせるということで秋田市へ修行に出されたんだろうという。元来が芸事が好きでたまらず、明治の末頃からは六郷の団五郎という役者の所に行って何日も家を空けることがあったともいう。

←庄八は愛唱「庄八っこ」と呼ばれ親しまれていた人で明治４年の生まれ。昭和４２年９７歳で他界。

←現在角間川で「ふじまさ食堂」を経営

←『六郷町史』（平成３）「文化編」の団五郎芝居－初代市川団五郎こと杉山金五郎が活躍したのが大正期。六郷の名物であった。料亭三好屋を経営する傍ら団五郎芝居の座長を務め東北各地を巡業した。

・仙南村飯詰の佐藤平治家日記「莇沢歳時記（あざみざわ）」
「明治二八年九月四日　角間川正八コ娘踊り十三人組来、女児三人連れ、春貞とも二十一人、夕飯食わせ、花五十銭遣す」

←正八コは〈庄八〉のこと。若干２５歳、この頃既に一座を組織するほどの芸の腕を持っていた。

・地元の郷土史家、田牧精一郎氏によれば、大正５年頃第一次世界大戦後の景気を踏まえ、角間川でも長く親しまれてきた踊りの風の「仁和加」に代わる盆踊りの復興が叫ばれ、**藤田庄八が中心になって大正10年代に新しい踊りの手を入れ、角間川盆踊りを振興させたらしい。**
　幼少時に覚えた踊りの手に「秋田音頭」の勇壮味や西馬音内盆踊りの「がんけ」の曲調などを取り入れて今日の「角間川盆踊り」を創り上げたという。

←この踊りは大正１５年頃には定着。第二次大戦の中断後は庄八の教え子、小国ミノさん等により復活され今日にいたる。

◆佐藤雨香（松三郎）は「秋田音頭の名手」

・『映画街・演劇街』や『四ツ屋を語る会　第八号』（昭和53）などによれば、明治33年頃、当時「秋田音頭」の踊りの名手と言われていた〈亀ちゃ〉こと**二井田亀松に師事**してその手を習得したという。通称「松ちゃ」と呼ばれて親しまれた。今でも大曲では知る人が多い。
・その業績は仙北地方に「秋田音頭」を普及させたこと。
・戦前は恩師小玉暁村とも親交があり、暁村の「仙北歌踊団」にも招かれていた。
・昭和26年に開催の第６回全県芸能競演会（秋田魁新報主催）で「秋田音頭」を披露して第２位となる。当時の新聞評に「つづいて正調"秋田音頭"が六十五歳を越えた佐藤さんの柔い体のこなしで演ぜられるや藤陰審査員も舞台を眺めてニッコリ、…」。
　大曲市長なども務めた文化人、田口松圃翁とも交流が深く、招かれては「秋田音頭」を披露していたという。
・雨香も俳人としても有名である。

←明治21年大曲四ツ屋生。

←昭和20年代当時、柔の手を知る人は雨香ただ一人になっていたという。
←藤陰審査員とは日本舞踊の故藤陰清枝氏のことである。

←北大曲駅近くの国道端の句碑
「焚き跡の　岬よりぞ枯れ　広ごれる」

●「秋田音頭」を伝承した佐藤雨香と藤田庄八

昭和40年8月14日、
　　秋田魁新報に載った記事

　佐藤雨香（松三郎）と藤田庄八は当時の大曲市の人間文化財に指定され、秋田音頭と角間川盆踊りの姿を伝える人間として評価された。

（写真左）佐藤雨香の句碑

　　＜焚き跡の艸よりぞ枯れ広ごれる＞

　雨香は、秋田民謡研究の祖・小玉暁村門下の俳人でもあった

（写真右）藤田庄八の墓碑

　　＜釈芸悟＞の戒名が書かれている

　秋田音頭を修業しただけでなく、それを活かして所作っこ一座「庄八芝居」を演じた芸人でもあった。
　彼は、大正末期に現在の「角間川盆踊り」の振りを大成した。

10・『知られたる秋田』に紹介された秋田民謡ー「サイサイ踊」と「秋田音頭」

◆明治42年（1909）の7月下旬
「東京大新聞及び大雑誌社員招聘」による秋田の一大広報宣伝、観光振興キャンペーンを開催
- 主催：秋田の3新聞社（秋田魁、東北公論、秋田時事）
- 当時奥羽本線全線が開通したことと呼応しての大企画であった。

◆『知られたる秋田』（瀧澤武編）中に、各記者が見聞した当時の代表的な秋田の民俗行事や芸謡が載る。
- 秋田の民俗行事の紹介ー秋田市の「竿燈（眠り流し）」や「能代七夕」など

　秋田の民俗芸能の紹介ー能代港町の「佐々楽（棒術、獅子舞）」や大館の「獅子舞」など
- **鹿角の盆踊りの鑑賞：『日本新聞』記者の谷河梅人が取材、十和田湖畔の観湖楼近くの湖上で地元の村童が踊る**

　その唄に「ササハ盆の十六日やへらも杓子も手に附かぬ」とある。その出だしの詞から**「鹿角の甚句」の唄**を想像できる。

　＜♪ササハァーア　ぼんの十六にーちゃーエ（しょうがつがーら　まーじぃだ）アーヤッセー　へーらぁもしゃぁぐぅしーもー　てーにーつぅかぁぬー＞といった歌い方になろうか。

- **秋田の民謡：「仙北名物サイサイ節」「秋田音頭」「土崎の船頭踊」などに多く印象を持った。**

『太陽』の記者、淺田江村：「名物秋田音頭で節面白く、之も名物の秋田美人に歌はせる。ヤアトセ、ヨウイヤナキッタカサイサイ秋田名物八森鰰男鹿では男鹿鰤子…（略）…之れが秋田人の誇りとする名物尽くしである。」「サイサイ節といふのを大曲でも秋田でも聞いた。之れも亦秋田名物の一つである。甚句踊らばしなよく踊れ、チェッチェッサイサイチェーサイサイ　サァーエーしなのよいのをァァァ嫁に取る…」

『毎日電報』の小野撫子：「第二信　横手より大曲ー大曲にてー仙北特有のサイサイ節や大葉子節、馬牽唄、尺八追分等聞く　第三信　大曲よりー鞠子川舟遊のことーさいさい節、十余の少年が太鼓を打って踊る　第四信　蕗の秋田よりー秋田芸妓の秋田音頭…」

● 当時は仙北の「サイサイ踊」と「秋田音頭」が秋田を代表する民謡であった。
● 秋田名物を中央の記者連に宣伝する効果は、あでやかな秋田美人の踊りを披露した川端芸妓にあったようだ。

←これらのことから、当時の秋田市の芸妓の「秋田音頭」や仙北の「サイサイ踊」が評判を呼んでいたことが知れる。
←「おばこ節」は「大葉子節」と表現。多分この年に刊行になった平岡専太郎の著書『日本風俗の研究』あたりが影響か。
←「馬牽唄」は仙北の馬子唄「あべや」の曲調であったか

←明治30年代「秋田音頭」は別名「亀ちゃ踊り」と言われるほど評判になっていたが、これについて記録した記者が一人もいなかった。

11・川端芸妓連の活躍が残したもの
◆大正時代―秋田名物として世に紹介された「秋田音頭」。
・大正時代は第一次大戦あり関東大震災ありで、その景気や復興を背景に中央を中心に空前の博覧会開催の時代であった。
・これに合わせるかのように、全国各地の郷土の舞踊や民謡も紹介される時代になった。
・東北からは「酒田のおばこ節」「盛岡のからめ節金山踊」「仙台のさんさ時雨」あたりが名を連ねたらしい。
　秋田からは名物「秋田音頭」が出演することが多かった。

◆事例として
―大正13年3月、東京三越呉服店で開催の
「東北銘産品陳列会」
・この催し物は県当局や在京県人会などが力を入れた秋田の宣伝事業。
・その余興に川端芸妓連が得意とした「秋田音頭」を出演させた。

←三越呉服店は当時東洋一といわれた百貨店であった。
　その社員でこの事業の成功のために尽力したのが秋田は湯沢出身の新山愁波であった。この頃三越の中堅として活躍。
　その人気振りがすごかったらしく「秋田音頭が始まると一階の店員まで見物に来てこの間は一時営業停止の態」などとある。この評判を受けて、「時事新報」「報知新聞」などの新聞社も急きょ自社の歓迎会を持つほどであったという。

◆2月23日から約一ヶ月にわたり、秋田魁紙で紹介
・当時大変評判を呼んだ＜川端芸妓連の「秋田音頭」＞

←評判の民謡だった「秋田音頭」。

◆新山愁波の寄稿記事
・3月9日の記事
「東京人から「秋田では大きな蕗と小野の小町の名蹟とそれから秋田音頭といふおもしろい踊があるさうですってね？」と問はれきかれ言はれることそのいくたびなるかを知らない。」
「「秋田名物八森ハタハタ男鹿では男鹿ブリ子」はどうも東京人の耳には分かりにくからうと想ひます。妻君ある人秋田に来るなら心を堅く持て　小野の小町の生まれた所美人がウヽヨウヨ　が大向をヤンヤと唸らせること請合である。」であった。
・＜♪妻君ある人秋田に来るなら…＞の歌詞は三越で歌われた音頭12番の中に入っていた。
　―これは、秋田魁新報の一記者が作った歌詞であった。

←東京人でも分かる唄を歌って欲しいと注文
←秋田美人に引っかけた宣伝をねらったもの

←今でも好んで歌われている唄ッコの一つになった。

◆3月9日の記事には、陳列会で紹介された12番はすべて載る。
　＜♪棚コのすみこの笊コのひるこ…＞
　＜♪秋田名物八森ハタハタ…＞
　＜♪秋田のくにでは雨が降っても…＞など
・会場では、「秋田音頭の由来」というパンフレットも配布された。秋田音頭が寛文三年佐竹義隆公時代に始まり、藩士子女に教習させたことに起因する云々…の説が載ったもので、当時の一般的見解ともなっていた内容。
　当時秋田魁新報社主筆であった安藤和風の指導があったのかも知れない。

←このイベントで「秋田音頭」の印象が定着した
　秋田民謡といえば「秋田音頭」をあげる東京人が誕生
　―佐藤貞子の「秋田音頭・だんまり踊り」が広く流布する前のことであった。
←あるいは、秋田市の那波呉服店が自店宣伝のため作成したパンフレットにもほぼ同じ内容が載るところから、これを参考に作成されたか。

資料：「秋田音頭」の形成と伝播

◆**江戸時代中期頃まで**

　「踊り上覧」の慣例—室町時代の遺風を伝える「小歌踊」
　・久保田城下の町踊の藩主上覧
　　→後に、土崎湊町も加わる
　・「歌舞伎踊」の風を入れたもの

> 虻川の「そよぎ踊」に「大歌」「小歌」で囃す盆中の道行唄が記録される

◆**江戸時代後期に入り**

　流行の「小町踊」や「伊勢踊音頭」を流入
　・久保田：花立町〜「秋田踊ヲントウ」の創作…盆踊の一般化へ〜近在へ流布
　・土崎湊町各町内〜天保—慶応年間に、川崎躍や櫓躍が流行る
　　　　　　　　　　　　　　…「秋田踊ヲントウ」が普及へ
　→『秋田日記』〈天保8年〉：小安温泉にて（秋田ヲントウ）

◆**幕末—明治中期頃の様子**

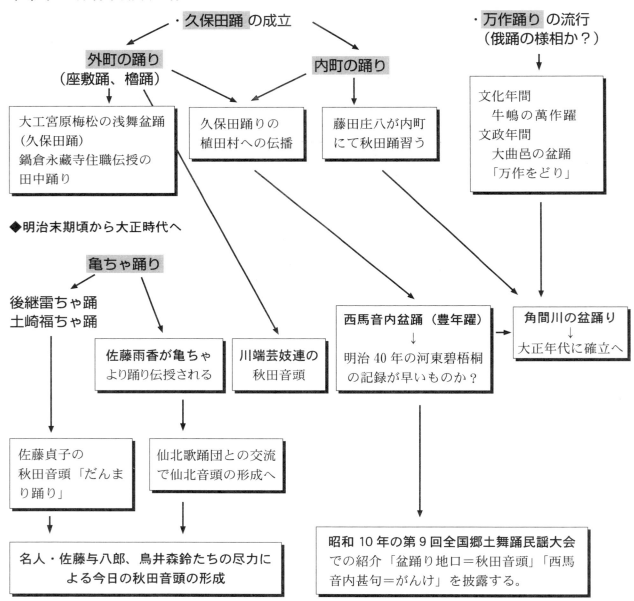

◆**明治末期頃から大正時代へ**

(2) 秋田オハコ節と大葉子節

1・近藤源八著『羽陰温故誌』中、
　　　「第二十六冊（人情風俗の部・乙）の「オハコ節」
①明治年代のこと―「我カ仙北地方ニ現存セル」唄の「オハコ節」
●明治20～30年代に見聞したことを記したものか？
●近藤の優れた観察眼によって当時人々の生活の中に溶け込んでいた唄の姿が散見できる。

●「オハコ節ハ、其詞其調簡古素朴ニシテ些（いささか）ノ虚飾ナク、…」
・曲調は勿論「おばこの女王」佐藤貞子の歌う「秋田おばこ」ではない。現存する「仙北おばこ」などと通称される古調の「おばこ節」であったろう。

←かつて旧西木村の佐藤源一郎さんや生保内の千葉恒さんなどの歌声を生で聞いたことがあるけれども、素朴で案外ゆっくりした調子の歌い方であった。
　民謡研究家の佐々木由治郎さんや故田口秀吉さん等の歌うものもその人の味が出ていていいものであった。

●「数年ナラスシテ漸ク衰エタルヲ、オハコ節ハ或ル一地方ニ限ラレタレト、数百年来謡ヒ伝ヘテ滅セス。即チ彼ハ空間的ニ広ク行はれ、此レハ時間的ニ長ク伝ハレリ。」
・数年ならずして衰えてしまう広く歌われたものとは当時流行唄として秋田領内までも流布していた「出羽節」の歌い方のことではないかと考えてみた。
　土崎の住人、近藤は多分「出羽節」を知っていたのではないか。調子は急速で飾り気が多かったという。
・三味線などの音曲の入った都会風の臭いを感じさせることを考えれば、なるほど「酒田おばこ」そのものになろう。

←〈数百年来謡ヒ伝ヘテ滅セス〉と中世歌謡の詩型（45, 45など）を持つこととの関連に研究課題あり。
←出羽節は文化文政頃流行していた民謡として記録に残る。（下記囲み参照）

●「調子悠長ニシテ毫モ厭ミナキ」もの。
　「太古ニ風アリトモ言フ可キ趣味津々タル俗謡」
　「片山里ニ残レルヲ喜フモノナリ」「我カ仙北地方ニ現存セル」唄。

←仙北地方の「オハコ節」の特徴をこう評した。

　「オハコ節」については明治末期から大正・昭和初期にかけて、そのルーツをめぐっていろいろな説が出された。
　例えば、**「大葉子節」と呼ばれて古代の歌謡、催馬楽（さいばら）が変化した唄と唱える平岡専太郎の説**などが古いものであった。
　その後、小玉暁村は**松井譲屋（じょうおく）著『浮れ草』（文政5（1822））の「国々田舎唄の部」**に載る「出羽節」の歌詞「おばこ来かやと　田圃のはしこまで出て見れば　おばこ来もせで　蛍の虫子なんぞが飛んでくる　云々」などを傍証し、庄内地方の風俗を反映したこれらが「庄内おばこ」となり、**馬喰が馬産地の南部と往来した際に仙北地方へ運んだものだとする説**を述べ、論争にひとまず決着をつけていた。

②・名人〈鄙人（ひなびと）〉がつくる「オハコ節」の数々

◆生活の臭いや田舎の男女の恋を思わせる詩情溢れる当時の７曲を眺める。

♪おばこ何所さ行く。后ろの小山こさほなこ採るに。
　ほなこ若いとて、こだしこ枕に沢なりに。

・筆者は、〈おばこ〉を「姉コノ義ニシテ若き女ヲ言フ」と解釈した。

『秋田のことば』（平成12　県教育委員会）によれば、「おば」は県内全域で「妹」を意味する語として使われている。

←雄勝地方では「おばかし」などと揶揄して言うこともある。
←県北部などでは「祖母」「おばさん」を意味する語として使うところも多い。

・この時代には、「おばこ」は若い未婚の女性を意味する語として通用していたのかも知れない。
・まさに山野での男女の情を通わせる歌詞である。筆者の近藤も同様の感を持って解説した。

♪おばこなぼに成る。此年暮せば十（とお）と七つ。
　十七おばこだの、何して花こだの咲かないとな。
　咲かば実もやなる。咲かないと紅葉の色ばかり。

・「秋田おばこ」の代表的な歌詞として今日も広く歌われる文句。多少その作りに変化はある。

←〈咲かば実もやなる、咲かないと紅葉の色ばかり〉は秋田民謡の名手・黒沢三一がよく歌った歌詞である。

♪おばこ何処さ行く。刺巻の北鳥山（ほっちょやま）さお参りするに。
　おまゝり余所（よそ）の事、真崎野の柴原で酒コ呑んで居た。

・これも生保内周辺ではよく歌われてきた歌詞。
・お山参詣の風は各地にあった習俗なのでそういう一端を知る内容でもある。

←刺巻、真崎野などは玉川沿いに現存する地名。北鳥山は法帖山（ほっちょやま）のこと。

♪おばこ此のじゅう見えない。
　寝てゞも居たかと案じて居た。
　寝て居ないども、親達厳しば籠の鳥。

・筆者は、おばこの病状を気遣う青年の情を読んでいる。
　〈籠の鳥〉に〈東洋的道徳による男女の恋の縛り〉を見ているあたりが面白い。

←これと「♪おばこなぼに成る…」の唄は、山形最上地方の「大沢おばこ」でよく歌われる。
　仙北のおばこの曲調とも似る。
　民謡研究家の荒木一さんもこのことに注目し最上からの伝播説に言及。

♪おばこ何所さ行く。太平べごゝさ炭こつけて。
　そこでべごゝの口説クニハ、おらえた業人（ごうにん）あるものがへ。
　べごゝ然（そう）ゆてけな、通町もすこし、あべべごゝ。

・なんともユニークで興味をそそられる歌詞である。
　ただ歌われる地域が仙北ではなく河辺の地域になる。
・〈太平牛、炭売り、久保田の通町〉に当時の生業の様子を知る。

(参考)「生保内節」に「♪おばね乗りだし　かくだで（角館）こえて
　駒よ急げや久保田まで」という歌詞あり。
　薪炭を運んだ風情を表現したもの。

←これだけを根拠にして「おばこ」の河辺発生説を考えることはできない。仙北と河辺はある種連続した地域風土を持ったところである。

●歌詞づくりの名人〈鄙人〉に躍如たるものを感ずる。

「おばこ節」の舞台、真崎野と発鳥山神社

発鳥山（ほっちょうさん）は、旧田沢湖町刺巻の集約北東北の玉川沿いにある

発鳥山の一の鳥居
ここから本宮に向かって
約３０分の道のりを歩く

現在の発鳥山神社
刺巻から北西方で玉川沿いの船場に鎮座ずる

写真の楕円の部分が神社の神域になる

矢印①の上に見えるイチョウの木の
あたりに本宮があったが、今はない
矢印②の部分に＜舞台石＞がある
参詣者はここで歌い踊ったという
「おばこ節」「お山節（荷方）」「西根
やま」などの＜唄っこ＞が飛び出し
たであろう

　国道４６号線の生保内や刺巻に向かう
途中にある＜山神社（通称、やまのがみさん）＞
この周辺が＜真崎野＞である
かつては草刈り場であったという

♪おばこ　どこさ行ぐ
　刺巻のほっちょさんさ
　おまいりするに

♪おまいり　かづけ草
　真崎野のしだはらで
　酒コのんでだ
（しだはらとは、藪野原のことである）

〈現地を地元の郷土史家の草彌俊一さんと
　訪れて教示を得る（平成27年）〉

③・「俗ニアラズ」「卑ニアラズ」― 「オハコ節」は＜鄙人＞の花であり生命である

♪おばこ作た酒こ。濁酒の甘いので砂糖シンこ。
　なんぼ下戸だて、おばこさへ酌にでれば三杯のむ。

・近藤は＜砂糖シンこ＞を＜天下ノ至味ト云フ意ナリ＞と表現した。
・＜砂糖シンこ＞には特別に秘蔵されたものとか特別にうまいものという意味があるらしい。
　おばこの作る酒の味は注がれるだけで絶品だったのであろう。可愛い娘さんの姿が目に見える。

←生保内元唄の歌い手、田口キヨノさんが得意とした唄の文句。誠に味わい深く歌いこなすキヨノさんの姿が思い出される。

♪おばこ居たかやと、水屋(みんじゃ)の窓からちょいと見だば。
　おばこ居なせぬ、隣の白髪婆(しらがばあ)糸こよて居た。

・「何事ゾ、花の如キ我ガ恋人ハアラス」「白髪テフ悪口ニ通ヘル男ノ失望不平ハ、遺憾ナク洩レタレ」と言う反面、「昔ノワク（枠）ニテクンクン糸ヲ紡ク老婆ノ長閑ナル有サマ躍動セスヤ、想フニ、炉は榾火(ほたび)絶々ナルヘク、燈若シ有トセハ手製ノ松脂ナラン。」と当時の生活の様を記す。

←「庄内おばこ」にその類を感ずる。鳥井森鈴が好んで歌った歌詞である。

◆近藤の「オハコ節」評。
「此種ノ社会ノ至情ヲ謡ヘルモノニシテ、真ノ真ナルモノナリ」「其詞ト其調子ニ相合フヤ、俗ノ如クニシテ俗ニアラス。卑ノ如クニシテ卑ニアラス。実ニ此節ニアラスンハ求メ得ヘカラサル妙味、自ラ其中ニ在テ存ス。」

・彼は品のあるこの唄を＜実ニ此節ニアラスンハ求メ得ヘカラサル妙味＞としたが、今その曲節を知ることはできない。

●「オハコ節」、人々が豊作祝いやさなぶりなどの酒宴で歌ったものであった。
　酔いがまわりはじめた頃、人々は思い思いに**踊り出す**。定まった踊りのないこの唄っこで**宴が盛り上がった**。
「オハコ節ハ彼等ノ花ニシテ、又彼等ノ生命ナリ云々」。

←古調としての「仙北おばこ」にその味を求め得るのみとなった。
　民謡歌手の千葉美子さんが土地の人から教わった「直根(ひたね)おばこ」を歌って聞かせてくれたことがあったが、誠に上品な唄で、「仙北おばこ」とはまた違った曲調を感じた。
　いろいろな地域に類似の民謡が定着するとまた違った曲調が生まれる好例になろう。

「オハコ節」はどこから伝播したものだろうか。

　民俗研究家の故冨木友治さんが『叢園』第56号（昭和36）に寄せた「秋田オバコなど」の随想で、「庄内オバコ」の歌詞のどこにも馬喰のことがでてこないことや「かんじんの南部にオバコのオの字もみられないがこれをどう説明したらよいのか」と疑問を投げかけた。
　「秋田オバコ」は庄内の馬喰などが置き土産したものでなく、**座頭のボサマや鳥追い姿の女芸人などが伝えたもので、後に山里の唄の性格を持って定着するようになった**とする。
　その曲調などから見て「庄内オバコ」と「秋田オバコ」をつなぐ「**大沢オバコ**」の存在にも注目した。類似の歌詞を多く持つ「大沢オバコ」にその曲節も似ていることから、荒木一さん同様、**私もこの方が説得力があるのではと考えている**。
　明治20年代に仙北地方で歌われた「オハコ節」はあるいは最上地方を介して伝播した民謡なのかも知れない。

●秋田の風土が生んだ「仙北おばこ」を守り伝えた人々

・写真上段左から、田口キヨノさん、田口秀吉さん、同下段左から佐藤源一郎さん、杉村祥雲さん

　田口秀吉さんが、生前「古調おばこ」と呼んで歌い継いできた「仙北おばこ」は、地域地域で少しずつ曲調を変えながら歌われてきた。
　キヨノさんの唄は師匠の田口トクさんの曲調、秀吉さんの唄は母のコトブキさんの歌い方である。

　源一郎さんの曲調は独特の呑み込むような抑揚のある歌い方だが、＜おばこの女王＞佐藤貞子が歌った「神代おばこ」に似るものである。
　桧木内松葉、東林寺住職であった祥雲和尚が歌う「桧木内おばこ」は昭和１８年８月に町田嘉章によって採集された。「古調おばこ」になる。

2・〈ろしう生〉が連載した「末娘節（おばこ）物語」
・大正7年8月19日〜25日にかけて5回にわたり「秋田魁新報」に連載された。

① （おばこ節は）十年この方上下の間に流行している。

　一種の田園趣味を帯びている唄である。

　明治四十年十月、仙北郡豊川村黒沢の某なる人『ササラ舞い』の一団を組織し、日本体育会事務所境内にて閑院宮妃殿下の台覧に供したが、「おばこぶし」も余興として唄った。　　← 1907年当時既に流布した曲調があった事を示す。

　誰が作り、誰を唄ったのか、仙北田沢節あるも確かではない、歌詞中の俚語、地域等を研究中、その出所が遺憾なく発見できた。

　＊「それは田沢でもない神代でもない、勿論生保内桧木内などではなくて、…今の仙北郡白岩村広久内であることを確かめた。」　　←白岩〜広久内方面で流行った曲節、歌詞を基本に述べたものであろう。

② 芦名氏以前の豪士で後帰農した佐藤久左衛門、その二十四代目久左衛門の後妻の娘が「末娘節」の主人公である。

　娘の名はみや。天保九年生。結婚し一子卯吉を産むが、万延元年23歳で逝去、法名閨室妙光信女。彼女は生来の美女、器量も良く久保田の豪商那波家への縁談まであったという。　　←「おばこ」は「みや女」とした。

　母似の美男で知られた一子卯吉が今も生保内村に生存。

　同じ頃、同村に草薙理右衛門（九代目）あり、享和2年生、明治3年8月9日没、享年67歳。法名鶴保万寿居士。

　号を示楽家翁（しらくやおう）と称した彼は俗曲創作の天才で、三味線、太鼓、笛尺八をよくし、踊りの師匠でもあった。狂歌、発句、川柳、前句など文芸にも優れ、艶書の代作に尤も妙を得ていた。　　←「みや女」を対象者として「おばこ節」を創作し続けた文人作曲家ということになろうか。

　「末娘節」を作るたびに、村の善男善女に唱和させ会心する。

　彼は北秋阿仁浦田村の神成庄三郎から草薙家八代目利右衛門の娘、みなの婿養子になった人であった。

③ 彼が創作した唄に「末娘節」「ひで子節」「白岩節」「新作おへとこ節」などある。　　←当時流行っていた民謡の歌詞を創作する人であったことを知る。

　阿仁銀山あたりの流行唄「からめ節」は婿土産に持ってきた。

　「末娘節」の作者が草薙利右衛門で、その対象者がみやであることは両家の記録にある。歌詞より「広久内」から出たと証明できる。　　←「両家の記録」の説明が不足である。

　「おばコ何処さ行く。後ろの小山コさほなコ折るに。」

　「ほなコ若いとて、こだしコ枕に沢形りに。」

歌詞に広久内周辺の地名が出るだけで証明するとするには根拠が薄い印象を持つ。

　＊「小山こは、みやの生家…の後ろに、字小山と称する小な山が、今尚現にある。」

「おばコ何処さ行く、刺巻の法帖山（ほっちょさん）さお詣りするに。」

「お詣へりや仮託(かじけ)ごと、真崎野の柴原さごそもそと。」
「それで足りねとて、黒倉の船場まで送り届けた。」
＊「…此の三の唄は、おばこが生保内の刺巻の法帖山へ参詣して、それから帰路黒倉渡を越えて、家へ帰ったことにあやかって謡うたもので、尚ほその帰る姿が眼に浮いて見えるようである。」
「おばコ何処さ行く、白岩の瀬戸山に瀬戸コ買うに。」
＊「おばコは又瀬戸山へ行く姿を捉まえられて居る。白岩は広久内の親郷である…」

④・白岩広久内の繁栄を謡った歌謡を創作　←七五調繰り返しの流行歌謡となっている。
「古来山の峰薬師。麓の村の賑わいは。吉野に勝る桜田に。…」
・「白岩節」　←いわゆる「銭吹き唄」曲調が伝播していたもので、それに作詞したものである。
白岩の雲岩寺ほどの寺もない。前は町後ろは高き愛宕山。見下ろせば上方勝る瀬戸も出る。その瀬戸に色模様つけて流行(はやり)ます。

渡辺波光によれば、昭和初期に後藤桃水は白岩節を基に大漁唄い込みを編曲していく。

白岩の瀬戸山の繁栄、他地域と相互に通い合う人々の交流が「おばこ節」を生む土壌になった。
広久内は林業の盛んな土地で、久保田へ木材を搬送する玉川辺りの河港も繁栄、濱から木材を筏で運搬した。藩庁の木山方の出張所もあった。
＊「恐らくみやのおばこも亦是等の景気に触れて、持て囃されたものであったろう。」　←〈みやのおばこ〉とはみやを謡ったおばこ節のことである。

旧正月前からの山林仕事のため村は女ばかりの物寂しい里となるのが年中行事であった。
・「新作おへとこ」　←民情を唄に作詞する芸人でもあった。
わかい男はあの山奥で、つらい働きするであろ。
早く山下り神掛け御立願、案じ過ごして待って居る。…

⑤「末娘節」の原作として他に認められるものとして
「十七末娘なら何しに花コなと咲かねとな」　←これらの唄の中には既に文化文政期に流行していた「出羽節」等にも散見される歌詞もある。
「咲けば実も成る日蔭の紅葉は色斗り」
「末娘居たかやと水屋の小窓からちょいと見たば」
「末娘居もやせて隣の婆様来て糸コ紡てた」
他の多くは作者を傷つけるに甚だしい。

「秀子節」は、おばこの実相に対し、全くの仮想である。広久内には言い伝えも噂もない。…　←「秀子節」と表記するあたりに、筆者の「そでこ」「しょでこ」等と謡われてきた歴史への認識不足を知る。あるいは、親孝行な子にかけた表記にしていたのかも知れない。
(「十七こな今年始めて山登り此の秀子な」…などの歌詞を載せる。)
＊「尚おばこに関して一言付け加えて置きたいことは、何かおばこに恋愛関係でもあったかのようにいう説もあるようであるけれども余所のおばこはいざ識らず、吾人の研究せるおばこのみに就いては決してさることの無いのである。」

3・『田沢湖案内』中（九）湖畔の歌謡にある「おばこ節」

・同書は、明治44年10月17日刊行
　千葉源之助、堀川清一により著されたもので、その全文を記す。

・おばこ節　湖畔金村特有の俗謡なり、七八五の三句より成る起源明らかならず、或は曰く、調の伊企灘の妻、大葉子の貞烈を愛でゝ、当時より謳詠せしものにて催馬楽の曲譜に合はせ之を唄ふたるものなりといふも詳かならず、其歌詞多くは方言訛音を以て作られたれども、而も天真露衷（ちゅうじょう）情切々の趣存す、曲調亦優美にして、野卑陋劣（ろうれつ）なる通常の俗曲とは頗る其の撰を異にせり、而して附近村落の宴席には必ず此れを聞かざることなし

←『日本風俗の新研究』にある「大葉子節」の「催馬楽」中の「我門」の引用を踏まえてのことであろう。

○おばこ何歳（なぼ）になる、此年暮せば十と七つ
　　十七おばこなど、何して花こなど咲なねァとな
　　咲けば実もやなる、咲かねば日陰の色紅葉

←現行「おばこ」で最も唄われる歌詞になる。最上の「大沢おばこ」にたどれるもの。

○おばこァ心持ちァ、小池の蓮の葉の溜り水
　　少しさはる時ァ、ころころころりやところで来る

←こういう歌い方は庄内地方や最上地方以北に多くなる。

○おばこァ造た酒、濁り酒の甘いので砂糖シンコ
　　飲んでたのしむ、沖の船の二階で気をはらす
　　何程（なんぼ）下戸でも、おばこさへ酌に出れば三杯飲む

←田沢湖周辺の風物詩を知る好材料である。

○おばこ何処さいく、後の小山さほなこ折りに
　　ほなこわかいとて、こだすこ卸して澤なりに

←同上

○おばこ何処さいく、白岩の瀬戸山さ瀬戸買ひに
　　瀬戸こかじけ草、下の屋の花園に行きたさに

←以下二節は地元に取材した歌詞となっている。

○おばこ何処さいく、刺巻の発鳥山（ほっちょうさん）さお参りに
　　お参りァよその事、真﨑野のしだ原で酒こ飲のでゐた

○おばこ此中見ない、寝てでもゐたかやと案じでた
　　寝てもゐないども、親達ァ出さねァば籠の鳥

←こういう歌い方は庄内地方や最上地方以北に多くなる。
〈此中見ない〉は、〈このじゅう、めない〉と唄わせる。

○おばこ来るかやと、町のはづれさ出て待ちた
　　おばこ来もやせで、煙草売のしこちもの触れてとる

←広く出羽地方に唄われた歌詞になる。〈しこちもの〉は〈頑固者〉のことか？

資料：平岡専太郎著『日本風俗の新研究』に載る「大葉子節のこと」の説明文から

第七　本地方人は如何にして催馬樂を持續せるか
附大葉子節のこと

前章種々の徵證によりて、催馬樂は斷絕したるが如くにして、斷絕せず。仙北地方の俗謠として、生存するを傾せり。其の生存の狀態に至りては、本章において之を說くべし。

該仙北地方には、古來、大葉子節と稱して、絕えて他地方に有せざる、一種の俚謠流行し、現今尚ほ盛行しつゝあり。是れ正しく古の催馬樂の變身なり。如何にして之を知れるか。是は夫の人皇第二十九代欽明天皇の二十三年に新羅に出征して、壯烈の戰死を遂げたりし、調伊企儺の妻、大葉子の貞烈を愛でゝ、當時より諷詠したるものなりきと云ふ。伊企儺夫妻の事實は、日本書紀に見えたり。

同時（河邊臣瓊缶）所虜調吉士伊企儺、爲人勇烈、終不降服。新羅鬪將、拔刀欲斬、逼而脫褌、追令以尻臀向日本、大號叫（叫咷也）曰、日本將齧我臗脽。即號叫曰、新羅王啗我臗脽。雖被苦逼、尚如前叫。由是見殺。其子舅子、亦抱其父而死。伊企儺辭旨難奪、皆如此。由此特爲諸將師所痛惜。其妻大葉子、亦並見禽、愴然而歌曰、柯羅倶爾能、基能陪爾陀致底、於譜磨故幡、比例甫羅須母、耶魔等陛武岐底。（譯して云ふ。韓國の城の邊に立ちて、大葉子は、領巾振らすも、日本へ向きて。）或有和曰、柯羅倶爾能、基能陪爾陀陀志、於譜磨故幡、比禮甫羅須、彌喩那爾婆陛武岐底。（譯して云ふ。韓國の城の邊に立たし、大葉子は領巾振らす見ゆ。難波へ向きて。）

父子夫婦の壯烈なること、嚴霜烈日の如し。克く頑夫も廉に、懦夫も起たしむるの槪あり。至誠の通ずる所、力を入れずして天地をも動かし、心なき鬼神をも泣かしむるものあり。況してや鄕國を同じうし、祖先を一にし、血あり淚ある日本人種にして、誰かその節操に感せざるものあらん。感すれば則ち咏嘆して、歌詞にあらはれ、稱揚して辭藻にのぼるもの、古今東西を問はず、皆同一揆に歸すべし。故に當時の民人、或は儀式の餘興、或は遊宴の歡娛に方りて、每に慣用する催馬樂の曲譜に合はせ、之を唄ひ之を詠じて、以てその効績を讚美し、馬を催すが故に催馬樂と云ひたりし例の如く、大葉子節と稱して持て興じたりしものなり。（催馬樂と大葉子節との繼承關係は、記しき例證を知らず。然れども、名稱の由つて起る所を考ふれば、疑團釋然たるものあらん。尚且次きくに論ずる、數條の辯說は、雖し得て餘りあるべしと信ずるなり。）

雖者或はいはん。何故に其の夫を歌はずして、其の婦を歌ひしか。又何故に其の子を稱せずして、其の母を稱せしか。効績を較すれば、固より夫は婦に勝らん。順序を顧みれば、固より男は女に先だゝん。斯の兒あるも、斯の父あるがためなり。斯の妻あるも、斯の夫あるがためなり。然るを只その婦のみを讚美す。是れ頗る怪しむべしと。是れ人情歸向の厚薄ある所以、愛想最負の深淺ある所以、自然の理なるを知らざるの言なり。夫れ少弱を慈愛し、孱柔に同情を寄するは、天然自至の人情なり。伊企儺剛强不撓の大丈夫を以て、口を極めて新羅王を罵り、死に至りて而うして止んぬ。素より日本武人の本分とする所、自から榮とするに足る。父已に國のために斃る。子その父に從つて、國に殉せざるの理なし。されば父子の精誠、死は眞に悲しむべしと雖ども、死して責任を全うす。亦遺憾なきなり。但た大葉子の狀たる、巾幗婦人纖弱柔和の身を以て、面のあたり夫兒の烈死を目睹し、愴然咏嘆し、遙かに祖國を拜して、命を敵鋒に殞し、以て日本民族たる面目を辱しめず。哀絕悲壯の極、その同胞たるもの、熱血溢れて同情の淚を濺がざるを得ず。是れ其の當時に於いて、實際その事實を見もし、聞きもしたる民人、その情を哀しみ、その誠を愛し、歌謠に詠じて之を讚美したるものにて、今世、日淸日露二役の時、出征軍人の家族たるもの、其の父兄良人が、異域の鬼とならんを慮り、熱狂して安ずること能はざりしよりも、其の心情遙かに深厚なりしならんと信ずる也。（なほ、其の歌詞中に於いて、每に大葉子の名を冠らして詠出したることなども、思ひ見るべし。）

右は大葉子節の由來中、その大葉子女を讚美詠嘆したるものなりしことを述べたり。尚ほ此の歌曲が、催馬樂と同一性質にして、全くそに起元せしものなる、徵證の二三を擧ぐべし。

この本は、明治42年5月、東京の杉本書房から発行されたもので、純粋な日本風俗とは何か、どこにあるのかなどについて平岡がその持論を展開したものであった。

平岡は〈大葉子節は、…これ正しく古の催馬楽の変身なり〉とし、古代新羅出征の調伊企難（つきのいきな）の妻、大葉子（おおばこ）の貞烈を諷詠したもので、後、民人が歌謡に詠じて讃美して継承されたものだ——とする。

この後で、催馬楽と仙北に当時唄われた〈おばこ節〉の歌詞を比較し、その類似性を考証したものである。

(3) 佐藤貞子や関屋敏子の活躍

1・「おばこの女王」佐藤貞子の誕生－大正期の活躍

◆大正時代に入り全国的に注目されるようになった「秋田民謡」－その立役者は「秋田おばこの女王」佐藤貞子
・仙北市角館近郊の神代六丁野で生まれる。
・少女時代から唄や踊りで才能を開花させた。
・近代の天才民謡少女の誕生。

←助走の役割をした大正期の活動

←その才能を育てたのが父の佐藤清賢であった。

◆貞子の生涯や事績、話題を知る資料
　「佐藤貞子と私―その生涯」(昭和61、佐藤章一著)
　「佐藤貞子―秋田民謡普及者」
　　　　　　(『秋田の先覚』昭和45 佐々木由治郎)
　「秋田民謡・歌って歩いた50年⑭」
　　　　　　(秋田魁新報紙、昭和46 鳥井森鈴記)

◆「佐藤貞子没後60年記念事業－貞子の心、ふたたび」の開催
・平成23年(2011)、仙北市伝統文化活性化委員会主催。
・(一財)民族芸術研究所の小田島清朗氏と共同で、「佐藤貞子年譜」を作成。

←貞子の生涯を知る資料としてまとめられる。

◆大正期を中心にした貞子の活躍振り
・明治32年、13歳、旧神代村太田の「太田神楽」に踊り子として出演。芝居の中で馬方節を歌った。
・明治39年、20歳、父と貞子と姉のイト(後の小林イト)が一座を組み、近隣で興業開始。サイサイ踊りが評判。
・大正3年、28歳、尺八の藤井竹山が一座に加わる。
・大正4年、30歳、「おばこ」を初めてレコード吹き込み。
・大正9年、34歳、この頃には岩手方面へも興業範囲を広め「サイサイ踊り」を定番とした。
「おばこ節」をレコード吹き込みする。
・大正11年、36歳、5月「日蓄吹込者、おばこ節、秋田音頭」の触れ込みで秋田市演芸館で公演する。
　同7月東京上野で開催された平和記念大博覧会協賛行事の全国芸能競演に県の代表として出演し、評価を得る。

←清賢が横笛の伴奏をした。
(馬方節は当時流行の「あべや」)

←貞子は竹山に「甚句」「おばこ」「拳ばやし」などを指導。
(藤井竹山の三女が藤井ケン子)

←やや速いテンポの歌い方

←平和記念大博覧会の全国芸能競演出演の頃は35歳を越え既に熟年の域にあった。

◆佐藤貞子の歌う「秋田おばこ」と「秋田甚句」。
・名実ともに「秋田民謡」としての仙北民謡を発信した。
・当時横手の丸玉こと福田岩太郎が太夫元となって貞子を座長とするコンビが誕生。
・昭和に入り各社のレコード吹き込みも一層盛んとなり、多くの民謡ファンにその歌声が届く時代に入った。

←貞子の真価が発揮された。
←昭和12年頃まで一緒に全国興業を行ったことでその名声は大きくなった。

◆鳥井森鈴の「秋田民謡・歌って歩いた50年」から
「秋田で飛ぶ鳥も落とす芸人といえば、…(略)…仙北の佐藤貞子であろう。貞子は芸人としての生命も長く、日本国中に足跡を残し、＜貞子のおばこか、おばこの貞子か＞と言われたくらいだ」

◆三味線の名人、初代浅野梅若も昭和15,6年頃貞子の一座に合流して北海道各地を巡業したという。

←この頃彼女から多くの芸を学び、その後の梅若が誕生した。

２・「おばこ」の飛翔・関屋敏子のこと

◆**声楽家、作曲家・関屋敏子**

・大正15年11月5日の秋田魁新報の記事
「オバコ節　倫敦(ロンドン)で紹介される」－
「来る七日東京青年会館で関屋敏子嬢は我が秋田の民謡「秋田オバコ」を独唱することになってゐる。…」
「関屋敏子によって洋楽化され楽壇の府から天下に紹介される…」
「（秋田オバコは）英訳して敏子嬢の作曲を附して英京ロンドンで出版するといわれてゐるからやがてロンドン子たちによっても我がオバコ節は歌はれることにならう…」
と。

←「秋田オバコ」の海外飛躍を驚きと感銘を持って載せた。

・同紙大正15年11月25日に彼女の作曲の「秋田オバコ」の譜面及び歌詞を紹介
一、おばこなん何ぼになる、此年暮(このとしくら)せば十と七つ、オエサカサッサおばこでハイ
二、十七おばこなど何して花こなど咲かねとナ、オエサカサッサおばこでハイ
三、咲けばナ実もなる、咲かねば日蔭の色紅葉(いろもみじ)、オエサカサッサおばこだハイ

　一曲調は歌曲風にアレンジされているが、基本的には佐藤貞子が歌う、いわゆる「貞子節」である。
　今日私達が聴く＜♪オーバァーコオナァーァァァァ＞と長める歌い方ではなく、＜♪オバアァーコオーォ＞と水が清く流れ落ちるような美しい歌い出しが特徴。

←＜オエサカ、サッサ、おばこでハイ＞とは何とも可愛らしい囃子詞で、おばこ愛でる心情が溢れている。
←関屋のこの原曲は現在、二本松市歴史資料館が大切に保管。

◆**関屋敏子は、明治37年東京で生まれた。**
　父、関屋祐之介は日本郵船に勤める実業人。
　母の愛は、フランス系米国人のル・ジャンドル将軍の娘。
・幼少期から音楽的な才能があった。
・東京音楽学校を目指し、大正8年頃から作曲を小松耕輔に、ピアノを萩原栄一に学ぶ－大正10年声楽科に合格。
・大正11年イタリア音楽を目指す熱意から同校中退し、個人教授を受けながら勉強を続ける。
・昭和2年オペラの本場イタリアに留学。

←代々福島二本松藩典医を務めた家に生まれた。
←ル・ジャンドル将軍は副島種臣などとも交流が深かく、明治政府の顧問をした人で親日家。
←日本の伝統音楽の美を土台に、西洋音楽の技法を導入した歌曲を作ることが彼女の夢であったという。
←北原白秋や野口雨情などによる新民謡ブームの時期に重なる

◆**大正15年9月「秋田オバコ」「庄内おばこぶし」「潮来出島」「さんさ時雨」を作曲。**
・作曲指導の恩師、小松耕輔は秋田県出身者
　―東北にゆかりの3曲の作曲は、当時東都でも知られた民謡～東北にゆかりを持つ関屋の思いとつながる。

◆**昭和4年に凱旋帰国してからは本格的なオペラ活動へ**
　―自作自演の日本風オペラ「お夏狂乱」は評判を呼ぶ。
　―異国のステージでは、日本の民謡から採録した曲目を披露することが多かった。

←「秋田おばこ」「さんさ時雨」「江戸子守唄」などの日本民謡を歌いこなした。

私は素直に考えたい―秋田が生んだ偉大な作曲家、小松耕輔とその薫陶を受けた才女、関屋敏子。
この二人の縁が歌曲「秋田オバコ」を誕生させたと。
常に日本の伝統美を失うことなく活動した彼女の謙虚な心持ちは辞世の歌にも表現されている。
　　＜国宝の名を　かふむりしほまれ　思へば　我名(わがな)はわれの　ものならずして＞
自作の「野いばら」の楽譜表紙に遺したものである。昭和16年11月23日とある。
関屋敏子はその夜、睡眠薬により他界した。疲労による死であったという。享年37歳。

資料：佐藤貞子と関屋敏子―二人の足跡から

◆仙北市の抱返り渓谷入口にある「秋田おばこ」の女王、佐藤貞子の顕彰碑

（正面の様子）

（裏面にある碑文）

・当時の、秋田県知事であった小畑勇二郎のこんもうによる。
・田沢湖町郷土芸能振興会が発起人となって顕彰碑がつくられた。
・会長の田口秀吉さん、副会長の津島留吉さんと奥さんのサメさん、田口キヨノさん、そして田口佐藤右エ門さん等は、「仙北おばこ」を歌い継いできた元唄の名手であった。
　こうした人々が「おばこの女王・佐藤貞子」の顕彰に力を尽くしていたことを知ることができる。

◆秋田魁新報に紹介された記事を読む

私のアルバム ㊺

佐藤貞子と私

太田神楽に出演

佐藤 リヱ

私は明治二十五年、仙北郡神代村字太田の農家の長女として生まれた。私の家は祖父、父、私と三代、不思議にも一人っ子で続いた。

太田部落には祖父の代から郷土芸能、太田神楽（かぐら）が演じられ、引き継がれてきた。私の父利一郎も神楽の代表的人物で、大閤記、本能寺の台本を手に入れ、そのせりふを皆に教えてきたりし、よろいかぶとを借りてきたりし、神楽の合間に芝居を上演したりしたので、太田神楽は芝居も見たといえるほどの評判を得たものだった。そのような家に生まれたので、私は八歳の時から舞台に立ち、甚句やおはこの手踊りや神楽の最初の出しもの獅子（しし）・奴（やっこ）を踊ったものだ。

太田神楽の出演者は太田部落の壮年、青年達で、皆独身者ばかりだった。としおり方は寝笛佐藤清實（後の緑遊軒笛王斎叶山・貞子の父）、太鼓が佐藤源次郎、三味線は佐藤直晋、鼓が藤川又吉の面々で、踊り子は伊藤とめ、佐藤貞子、それに私の三人だった。佐藤貞子は、私より五ツ年上ぢやあったと思う。

ちょうどその頃、貞子の実姉イトが小沼（中仙町）のおトラという手踊りの名人について修業中だったが、そばで見ているだけで覚え込んでいるうちだそうである。それで太田神楽は見だけでもおなら習った。

の面々で、踊り子は伊藤とめ、佐藤貞子、それに私の三人だった。佐藤貞子は、私より五ツ年上ぢやあったと思う。

ちょうどその頃、貞子の実姉イトが小沼（中仙町）のおトラという手踊りの名人について修業中だったが、そばで見ているだけで覚え込んでいるうちだそうである。それで太田神楽は見だけでもおなら習った。

りは下手だと思います。けれども、唄（うた）は私の方が自信があります。それで私は唄にかけてみようと思います」

その後貞子はあまり太田神楽に来なくなり、隣内の大蔵観音のご開帳には毎年出演し、夜か朝まで続く掛け唄を続けていたが、私の孫娘は貞子の率いる仙北歌舞踊団に特別出演していたが、私の太田神楽の出演は、十五

った私とは踊りの手が合わなかった。しかし、貞子は早速こちらの手を覚えてきちんと踊る器用な人だった。芝居の中で、馬子が馬方節を歌う場面があったが、馬子は口を動かすだけで、幕の陰では貞子が天性の美声を張り上げて馬方節を歌い、大変なうけようだった。

一万、貞子も結婚し、子供が二人になったが離婚した。中年になって父笛王斎と共に興行界に踊り出て、ますます有名になったのである。その後巡業中の貞子にも会う機会もなく過ぎたが、二十数年後に角館町鴨川塾に「秋田音頭佐藤貞子一行」がかかったので、久方ぶりに面会し、大いに書話をした。

年月が流れて、娘玉枝に二代目貞子を譲り、興行界を引退した貞子が角館町に住みついた。余生の楽しみに貞子の率いる仙北歌舞踊団に特別出演し、子供、孫、ひこ孫と百人にのぼる一族となり、毎年のお盆や正月はにぎやかな限りだ。農家のよいおばあさんで毎日を楽しく過ごしているが、おりにふれ子供のころの神楽のことや貞子のことなどが頭に浮かび、なつかしく昔をしのんでいる。

（無職・田沢湖町神代・82歳）

歳で終わった。まもなく結婚し、次々に子供に恵まれ七八の子を育て上げた。三代にわたる一人っ子は私の代で解消、子だくさんのにぎやかな家庭になったのである。

秋田音頭ダンマリ踊りの相手をつとめるようになった。昭和二十五年一月、貞子は突然脳イッ血に倒れ桜の花咲くころ、あの世の人となってしまった。

私は幸い健康に恵まれ、八十代の今日まで病気知らずで過ごし、子供、孫、ひこ孫と百人にのぼる一族となり、毎年のお盆や正月はにぎやかな限りだ。農家のよいおばあさんで毎日を楽しく過ごしているが、おりにふれ子供のころの神楽のことや貞子のことなどが頭に浮かび、なつかしく昔をしのんでいる。

昭和14、5年ごろの佐藤貞子

・上の記事は、昭和48年12月1日に掲載されたものである。
・今は亡き佐藤リヱさんが語る佐藤貞子との共演などの思い出話になる。
・様々な助走の時代があって「おばこの女王―佐藤貞子」が誕生していくが、貞子のいきいきとした姿が、踊りや舞台をともにしていた佐藤リヱさんの話で浮き出してくるからすごいものである。
・佐藤貞子の昭和10年代は、巡業の時代とも表現できるが、舞台に立つ姿がりりしい。
・昭和14年2月6日に福島県いわき市四倉（よつくら）の漁港において〈秋田音頭家元〜佐藤貞子一座〉の興業のあったことを知った。
・現在は倉庫として活用されているらしいが「海盛座」という芝居小屋で行われた。得意の「だんまり」も演じられたことであろう。

旧太田郷にある熊野神社と郷土芸能の保存伝承

熊野神社全景
・仙北市田沢湖字小松熊野林にある
　藤田静夫さん宅で管理）
　17世紀初めに今宮氏が角館郷に着任した際に熊之林神社を建立、熊野権現を祀ったもので、今宮氏の修験衆により奉納されたのが「太田神楽」と言われている。
・神楽は里神楽の一種で、昭和初期まで伝承されてきたが今はない。
・この神楽に佐藤清賢、貞子父子が出演し喝采を浴びたという。

社殿内に保存されている熊野神社の扁額

「發起人　藤田喜久治
　　　　　佐藤清賢　謹書」
とある。
・藤田喜久治は、藤田静夫さんの祖父、佐藤清賢は佐藤貞子の父である。

社殿内に保存されている「郷土芸能保存嬉遊会メンバー」の演奏風景の写真

・昭和50年9月27日に、熊野林会館にて撮影されたものである
・次のような説明が載る

郷土芸能保存嬉遊会メンバー
昭和五拾年九月貳拾七日熊野林会館にて写す
太鼓藤田虎男　鼓佐々木清行　鐘佐々木修治
三味線千葉与一　笛小原喜代四郎
師匠貳代目笛王斉嬉遊軒笛山一心
神代字下国舘家名甚四郎津嶋栄之助氏

・津嶋栄之助さんは、八人芸でも有名な津嶋留吉さんの師匠に当たる
　藤田虎男さんは静夫さんの義父（継父）である。

◆「歌聖　関屋敏子女史」（昭和17）より
小松耕輔の「関屋敏子を悼む」に記された〈秋田おばこ〉誕生の秘話
――下段の181ページ2段落目に注目してほしい。関屋の覚えた〈秋田おばこ〉誕生の源を知る。

女史の悲報に寄せられた追憶文、弔辭、弔文（原文のまゝ）

女史の死をいち早く報じたのは、ラヂオであつた。續いて各新聞紙が一齊に報道した。その訃報に接したあらゆる方面から、追憶文、弔辭、弔文等が文字通り山と寄せられたが、その內の一部を揭載して故敏子女史――天樂院雅譽明敏大姉――の靈に捧ぐることにした。

關屋敏子を悼む

小松耕輔

花のごとき歌姬關屋敏子が死んだ！
まるで噓のやうな話である。彼女の訃を新聞で知つて翌日彼女の邸を訪問したが、既に數々の花につゝまれて棺の中に納められてゐた。父君や母君に悔みの言葉を述べて、彼女の生前のことについていろ〳〵の話をした。席には牛山充氏、その他親戚の方々、弟子達が並んでゐた。
彼女と私、及び私の家內とはいろ〳〵な關係で長い間の交際があつた。彼女は東京女高師の附屬、所謂「お茶の水」の出身であつた。その當時私の家內は

同校に音樂の敎師をしてゐた關係上、彼女に敎へることゝなつたのである。家內はいつも彼女をほめてゐた。「おとなしくて、聲もよく、音樂が好きで、人なつこい人です」と云つてゐた。
その時代に、たしか柴田環女史の門にあつて銀鈴會といふ、柴田氏の門下生の音樂會に度々出演してその才能を認められつゝあつたやうに記憶する。當時私は本鄕西片町十番地に住んでゐた。その頃彼女は小石川に住んでゐて、私の處に音樂を硏究するため通つて來るやうになつた。
やがて彼女は東京音樂學校に入學した。技術はめき〳〵上達したが、當時彼女は前よりの關係上サルコリー師に聲樂を習つてゐたので、それがその時の音樂學校の聲樂の敎師の氣に障り、再三サルコリー師につくことをやめるやうに忠告されたが、そのまゝ稽古に行つてゐたゝめ、到頭音樂學校の聲樂敎師との間が惡化し、同校を中途退學するやうになり、その後は專らサルコリー氏について聲樂を勉強するやうになつた。

彼女はその頃から又私の處に度々通ふやうになり、專ら和聲學や、作曲を勉强した相當負擔の多い作曲の宿題などを、何時でもキチンと勉强して來た。從つて成績もめき〳〵と進步した。
彼女の作品の中に「秋田おばこ」といふのがある。あのメロディは私の母がそれを彼女に敎へたものであつた。彼女にとつてはいづれもまだ習作時代の作品であるやうに思ふ。彼女に敎へたものであつた。彼女にとつてはいづれもまだ習作時代の作品であるやうに思ふ。
それから彼女は父君に伴はれて渡歐した。そして到る所に大成功をして「日本の歌姬」として聲望を一身に集めた。彼女の音樂會のプログラムや新聞の切拔はその度每に必ず私の手元に郵送して來た。從つて外國における彼女の消息は手にとるやうにわかつてゐた。
外國における彼女の成功は私共の豫想以上であつたらしい。それは彼女と同時代に彼地にあつて目のあたり、その音樂會を聞いた人々の口から直接にもいたとで、いづれも口を極めてその成功を報じてゐた。

◆関屋敏子の〈秋田おばこ〉楽譜と〈辞世和歌〉

……二本松市歴史資料館　所蔵

楽譜「秋田おばこ」（敏子直筆）[目録No.41]

国宝の名をかふむりしほまれ思へば
我名はわれのものならずして
うつしみの身は消ゆるともとこしへに
光に生ん我名わがたま

辞世和歌 [目録No.24]

(4) 後藤桃水に出会う鳥井森鈴の飛躍

1・鳥井森鈴の生地・五城目ー「ジャンゴ追分」の伝播と定着

◆鳥井森鈴は、大正期から昭和40年代まで実に60年の民謡人生を歩んだ。
- 一生農民の一人としても生きた人である。
- 市の立つ五城目は祭典などには余興の舞台が立ち、茶屋っこ（酒場）は繁昌し、遊芸の徒が頻繁にやってくる所。
 ―この環境の中で森鈴の民謡の才能は開花する。

←明治32年馬川村（五城目町）に生まれる。

◆森鈴の手記『秋田民謡 歌って歩いた50年』から
（昭和46年、秋田魁紙）
- 明治末期から大正初期頃の五城目の町を鮮やかに描く。
- 「とにかく馬のくらの上が私の民謡道場であった。一番よく歌ったのは、なんといっても「江差追分」であった。」
- 大正に入ってから北海道や津軽方面、県北方面からやってきた芸人の三浦為七郎、田村美佐子、宮野カネ子らは「江差追分」を中心に興行する。
- 五城目の茶屋っこ芸人で名のあった"井内ジョッコ"こと沢石キワからは地元で歌われていた「在郷追分」即ち「ジャンゴ追分」を習った。
 ―「私はジョッコからそのうたを習った。このようなうたは当時、杉沢や湯ノ又あたりに行けば、よく年寄りが歌っていた。結婚式に謡曲を謡うものがなく追分節で結びの式をあげるということもあった。…」
- この唄は、一種の追分で本唄だけで歌うもので節に張りもあった。一面のんびりした調子で息を切らずにユリをつけるふうであった。ジョッコは彼女なりに自分の味で歌っていた。

←小さい頃から暇さえあれば民謡を歌っていたという。

←こうした芸人の声に森鈴も接して成長した。

←肝心の節が「アン、アン」と長めるので退屈な曲調だったそうだ。

←森鈴はその曲調をジョッコから習ったのである。

「在郷追分」は「越後追分くずし」と「越後松坂くずし」か？
- 私は、恐らく三味線にのせて歌われる「越後追分」から変化した「越後追分くずし」と呼ばれた「松前三下がり」などが入り、歌いこなされる過程で「在郷追分」として定着したものだろうと考えていた。
- しかし、ここ数年来、鹿角の「謙良節」や岩手の「玉山地方の荷方節」という松坂系の唄をじっくり聞く機会があり、追分節との関係について考えてから、**この「在郷追分」は「越後追分くずし」と「越後松坂くずし」と呼ばれた「検校追分節」のようなものの混じり合った曲調ではなかったか**と思っている。

- 松前、江差方面がニシンの豊漁で景気の良かった幕末から明治期にかけて、多くのごぜや検校が新潟方面の民謡を携えて渡海したという。
- 元治元年に書かれた『箱館繁昌記』（直明亭与嘉楼筆）によれば「…おいわけ、けんりょ、おけさとかいう北前のうたなどして、三線太鼓、つつみなどにてうたい踊ること、さも興あることなり。…」と。
 新潟から伝播した民謡が道南地方で流行っていたことを知る資料となろう。

- 従来、「新潟節」といえば単に秋田で言う「荷方節」と捉えてきたが、私は「松坂」に工夫を加えた「松坂くずし」や「おけさ」という甚句をも含めて考えた方が、やがて平野源三郎等によって生み出される「江差追分」の成立を思うとき考えやすくなりそうに思っている。
- かの地で地元の芸妓などの活躍により新しく生まれた曲調がやがて東北に逆輸入され各地に広まり、例えば**五城目の周辺でも「追分」として婚礼などの祝いの席でも歌われるようになったのだろう。**
- 「江差追分」が完成する以前に既に「追分節」は伝播していた。

2・鳥井森鈴の「秋田追分」

◆「秋田追分」誕生の種明かし
―『秋田民謡　歌って歩いた50年』(昭和46年、秋田魁紙)
・"井内ジョッコ"こと沢石キワから習った「在郷追分」を改良する。
・「うたの文句がわかるようでなければと思い、当時流行の「江差追分」の節を取り入れて、私の息で自由に歌いこなしてみた。それが一つの型になるまでには、四、五年はかかった。…」　　　　　　　　　　　　　　　　　　←文句も何を歌っているのか分からないではうまくないと言うので、よく分かるものにする努力をしたとも言う。
・「江差追分」は前唄、本唄、後唄で構成されているが、この基本を森鈴も取り入れたが、彼なりの曲調で作った。　　　　　　「在郷追分」から学んだのびやかさも失わないようにした。

◆「秋田追分」研究会と後藤桃水との出会い
・大正10年頃より努力を重ねて「秋田追分」即ち「森鈴節」を編み出し始めていた。　　　　　　　　　　　　　　←彼は手記の中で「ところがどうしたことか、桃水が私を認めてくれ、その場でレコードの吹き込みの話が持ち出された。それがそもそも私が芸能界にはいるきっかけとなった。」と証言。
・大正13年11月に五城座で「森鈴会」の発会式行う。
大正14年に＜大日本民謡研究会秋田県支部＞が結成され、その民謡大会が秋田市で行われた。
この時の審査長が宮城の民謡家、後藤桃水であった。
審査では、秋田市太平の永井錦水の「江差追分」が一位になり、森鈴の「秋田追分」は二位であった。
・大正15年3月のレコード吹き込みは、すべて桃水の指示のもとで行われた。尺八は菊池淡水、三味線は森鈴の本家の鳥井与四郎であった。　　　　　　　　　　　　　　後藤桃水が認める「秋田追分」となった。
・同年6月「鷲印・日蓄レコード」として発売。
曰く、「クワをかついでノラへ出る暇がなくなった」と。

◆森鈴が一番よく歌った文句
♪前唄　別れて今さら未練じゃないが　主はいずこで暮らすやら　　　　　　　　　　　　　　　　　　　　　　　　　　　　　　　　　　　　　　←この歌を聴いて、目を押さえる人、声を上げて泣き出す女たちが多かったと昔を振り返っている。農村によく見られた嫁いびりや家を出された女達―そういう時代を反映した唄であり、これが一面感動を与えていたのであろう…と。
　　　雨の降る日も風吹く夜さも　思い出しては忍び泣き
♪本唄　まとまるものならまとめておくれ　いやで別れた仲じゃない
♪後唄　なにとぞなにとぞかなわせ給へ、お礼まいりは二人連れ

◆森鈴の座右の銘：芸人は聞く人や見る人に感動を与え得なければその存在は無いに等しい　　　　　　　　　　　　　　　　　　　←このことを常に自身に問いかけていた人でもあった。
・昭和に入って「秋田万歳」や「こっから舞」など珍芸、笑いを取り入れた漫芸でも一世を風靡する。

◆人材の発掘
・「本荘追分」の加納初代
―「安来節」を歌った彼女について「柔かい歌い方、余る声量でびっくりした」と。
昭和5年頃出会ったときの感想―「今ならさしずめ日本一の誕生であったろう。…私はさっそく彼女を巡業の一行に引き出した。彼女の得意は地元の「本荘追分」「馬子唄」などであった。…」　　　　　　　　　　　　　　　　　　　　　　　　　　　　　　　　　　　　　　←金浦の山形屋での出会いであった。

・「船方節」の森八千代
―昭和2年に、船川の劇場での「歌会」で飛び入りで「津軽じょんがら節」を歌った八竜鵜川の清水リワにも感動。彼女は後年「秋田追分」も得意とした。森鈴の後継者の一人といわれる。　　　←田中誠月と興行した歌会であった。

資料：小玉暁村の「秋田追分」批評―「郷土芸術往来」でふれる

一九　秋田追分

越後に越後追分があるもまた知らなかった明治の頃、江差に江差追分があるもまた知らなかった明治の頃、仙北の地方には追分の起源は江差か越後かであろうが、しかし全くローカル化して、江差などゝは別種の情緒であった。

昨今鳥井森鈴が秋田追分なるものを高潮したが、それは鳥井森鈴その人の技謡で眞の意味の民謡ではない。

◇

わが秋田追分はこの鳥井の技謡にわざわひされてかえって永年の郷土色を失はんとするは惜んでもなほあまりあることだ。

伴奏としては尺八が最もふさはしく胡弓もまたその旋律によく合ふやうである。歌詞はもと、本唄だけのものであったが、今は前後の唄もついてゐる。

前唄　　花はよけれどチトきがわかい　咲いたら折らん
　　　　せ幾枝も

本唄　　上る旭のまことに惚て　笑ひそめたる梅の花

後唄　　春の弥生の鳴くうぐひすは　梅の木恋しさに来
　　　　てとまる

- 「郷土芸術往来」は昭和9年発刊の「秋田郷土叢話」に収載されたもので、小玉暁村が著した仙北民謡の解説、小論である。
- 鳥井森鈴の「秋田追分」に非常に厳しい意見をもっていたことが知れる。

[参考]　大正5年2月19日の秋田魁新報に、「追分節の名人」という記事が載る。次は、その一部である。

> 本紙に北海道の特別寄書家進藤鹿岨君のおしま追分節の事を載せしが、さる同好の人より亦今回左の如き秋田追分節会員の番附を寄せられたるが同会員外なるべきも素人では縣会議員の北涯氏、商売人では川反のお政姐さんなども横綱格には充分なるべう
>
> 　大関　　土崎　　竹内長九郎
> 　関脇　　南秋　　曲木　光昭
>
> 〈以下　略〉

- 「北涯氏」は、山本郡の旧八竜町出身の佐々木寛綱秋田県会議員と思われる。安藤和風などともに俳人としても有名であった。追分節の名人でもあったのだろう。

- 大正5年頃は、鳥井森鈴が沢石キワより「在郷追分」を習っていた頃になる。当時、秋田でも粋人や芸妓の間で、「追分節」は大流行していたが、「おしま追分節」と記されていることから、道南地方の曲節が移入され、「秋田追分節」として歌われていたことが知れ、興味をそそる。

資料：年譜－鳥井森鈴の略歴（要約編）

麻生作成

年	主 な 事 績 等	関 連 事 項
1914（大正3）	15歳でワカゼ見習いとなる。仕事は駄賃付けであった。 この頃より馬の鞍の上が民謡道場になったという。 一番よく唄ったのが「江差追分」であったという。 五城座で飛び入りもした。	←馬場目や中津又、上小阿仁方面まで行ったという。 ←「江差追分」は当時大流行の民謡になっていた。 ←本家の鳥井与四郎（鳥井如月）は三味線名人で森鈴の師匠であった。
1916（大正5）	この頃、沢石キワより「在郷追分（ジャンゴ追分）」を習う。 「（在郷追分は）一種の祝い唄みたいなもので杉沢、湯ノ又あたりでは結婚式などで式を挙げる時に唄われていた」	
1918-9（大正7-8）頃	土崎駅前の日進館で「江差追分」で飛び入りし評判となる。 「飛び入りも一つの修業といわれた時代であった」	←「江差追分」が東北で大流行する。 一名人、三浦為七郎の来秋も影響を与える。
1921（大正10）頃	五城座に能代の田村美佐子一行が唄会を開く。 　―この時、森鈴は飛び入りで「江差追分」を唄う。 鷹巣綴子の宮野カネ子が来訪。 　―これが縁で、鷹巣劇場に呼ばれる。 森岳出身の代議士、信太儀右衛門から「森鈴」の名をつけてもらう。	←田村美佐子との縁の始まり。 ←宮野カネ子は「追分」を得意としていた。 ←信太曰く「お前の声は五城目の森山の鈴虫の声だ、森鈴と名のれ、どうだ！」
1922（大正11）	大日本民謡研究会が発足する。	
1924（大正13）	11月23日、五城座で「森鈴会」発会式を行う。森鈴若干25歳であった。	
1925（大正14）	9月20日、秋田劇場で後藤桃水を迎えて発会式が行われる。 発会式で、得意の「秋田追分」を歌うが、いつもの実力が出ず、秋田市太平の永井錦水に敗れ、二位となる。 　―後藤桃水は森鈴の実力を知って、レコード吹き込みを薦める。森鈴は承諾する。 「そもそも私が芸能界に入るきっかけになった」	←この年、事業家の畠山耕蔵が発起人となって「大日本民謡研究会秋田県支部」ができる。
1926（大正15）	3月25日、後藤桃水の指示のもと「東北六県民謡吹き込み」が行われる。秋田からは、鳥井森鈴の「秋田追分」を吹き込む。 尺八は菊池淡水、三味線は鳥井与四郎であった。 6月、レコード発売。 後藤桃水の突然の来訪―東北六県民謡大会出場の打診であった。 11月13日、仙台市の歌舞伎座で東北六県民謡大会が行われる。鳥井森鈴は「秋田おばこ」「秋田よされ」「秋田おはら」を歌う。三味線は佐藤東山、太鼓は田中誠月であった。	←青森：成田雲竹、宮城：赤間森水、福島：鈴木正夫、山形：岸　北星、岩手：法領田万助 ←後藤桃水の言 「唄は昔から一声二節と言うが、君はなかなかいい声を持っている。その声をいかせば日本一も夢ではない。君の努力しだいだ。近く仙台で東北六県の民謡大会を開くから、秋田代表としてぜひ君に出てもらう。」

年	主 な 事 績 等	関 連 事 項
1928（昭和3）	森鈴の「秋田追分」がよく売れ、函青国子の「津軽おはら」とベストセラーになったという。この頃から森鈴の「追分研究会」が県内各地にできる。	←清水リワは森鈴より「秋田追分」を習う。後の森八千代である。
1930（昭和5）	金浦の山形屋で加納初代と出会う。森鈴、「秋田万歳」発表―「一人万歳」として売り出す。	←4月、金浦に「追分金鈴会」この頃加納初代が「安来節」を唄って森鈴を驚かす。これが、加納初代の発掘となった。
1932（昭和7）	昭和7年、2月26日、UK秋田放送局開局放送あり、鳥井森鈴、永井錦水、斎藤如水、太田秀月等が出演する。森鈴は「秋田オハラ節」を歌う。	
1935（昭和10）	この頃、鳥井森鈴、田中誠月、加納初代、加賀谷カネ子等が放送活動する時代。人気の民謡歌手であった。	
1939（昭和14）	馬川村役場吏員に採用（40歳）。―民謡やれずに、一時ノイローゼ状態になったという。	
1940（昭和15）	この頃より、軍隊や勤労隊の慰問活動で要請が多くなり、ノイローゼも解消したという。	←当時の慰問活動のメンバー―加納初代、田村美佐子、加賀谷かね子、森八千代、鎌田雲月、佐藤光声、川村金声
1943（昭和18）	9月12日開催の秋田郷土芸能発表会「四〇種公演」で田中誠月と「お山こ節」、誠月、川村金声の三人で「秋田音頭」を披露する。	
1947（昭和22）	7月1日付で五城目町役場職員を依願退職する。―民謡で第2の人生に入る。青森の芸人と組んで東北・北海道を巡業。長谷川栄八郎を知る。	←長谷川栄八郎のアホダラ経は評判であった。森鈴と組んで「掛合万歳」をやった。
1950（昭和25）	7月、長い巡業より帰る。この頃、日本民謡協会の浦本政三郎理事長より手紙をうけ、日本民謡協会秋田県支部結成を促される。11月1日、県記念館で「日本民謡協会秋田県支部」結成大会を開催する。	6.24日本民謡協会設立される。←永沢定治、畠山浩蔵らと支部結成のため尽力。―10月、秋田駅前矢留旅館に事務所を置く。―当時永沢派を秋田派、森鈴派を五城目派と呼んで係争があった。
1953（昭和28）	11月16日、第4回日本民謡協会年次大会で「秋田音頭」で第1位となる。この年、新作民謡「八郎潟」を発表。	←12月に「八郎節」をラジオ東北で録音する。
1963（昭和38）	5月1日、五城目町の雀館公園に「民謡碑」建立される。	←加納初代が碑の前で「本荘追分」を熱唱。日本民謡協会より野村千足理事長が出席。佐々木常雄や浅野梅若が併催の「桜まつり」に出演。

資料：鳥井森鈴の活躍の断面

大正１５年１１月「東北六県民謡大会」
出演の記念写真
＝仙台松島五大堂にて＝
左から、佐藤東山、田中誠月、鳥井森鈴
森鈴はこの時２７歳、誠月は３４歳

昭和３年３月、ＮＨＫから「秋田追分」
「秀子節」を放送
左から、鳥井森鈴、佐藤東山、菊池淡水

←昭和初期の若かかりし頃の森鈴

口ひげがトレードマークとなった頃の森鈴
この頃は、民謡が半ば職業となっていた →

〈写真は鳥井輝雄さん所蔵他〉

鳥井森鈴と秋田追分

＜雀館公園風景＞

＜公園内にある森鈴の記念碑＞

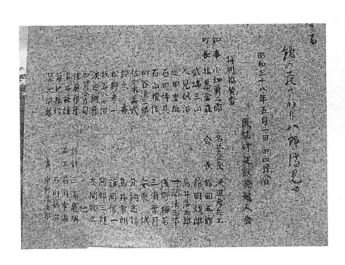

＜記念碑の裏面の内容＞

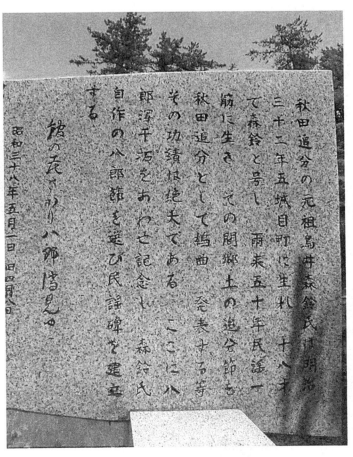

〈平成23年7月・五城目町にて筆者撮影〉

Ⅱ 秋田民謡
―― 昭和初期から戦前まで

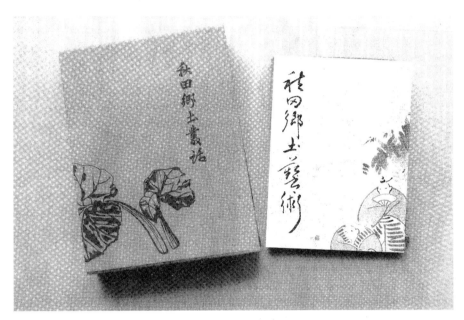

小玉暁村の著作が載る

昭和16年5月18日の秋田魁新報に載った「東北民謡試聴団」の記事

暁村の著作　右：小玉暁村の編著『秋田郷土芸術』、左：小玉暁村の「郷土芸術往来」所収の『秋田郷土叢話』。『秋田郷土芸術』は、単行本である。
　昭和9年4月に秋田郷土芸術協会から発刊されたもので、本格的な民謡解説書の最初のものになる。
　「第二章　郷土娯楽」として各郡にわけて紹介している。
　「郷土芸術往来」も昭和9年『秋田郷土叢話』に収められたもので、仙北の歌踊と萬歳の巻の二編がおさめられている。
　小玉暁村が中央誌「郷土芸術」に盆踊や俚謡について、精力的に発表した時期と重なる。

「東北民謡試聴団」の記事
　写真は昭和16年5月18日の秋田魁新報に載った「東北民謡試聴団」の記事である。
　この試聴会には、民俗学者の柳田國男や折口信夫、作曲家の中山晋平などの他、民謡研究家の町田嘉章や武田忠一郎なども出席した。ある意味で発案者の一人でもあった後藤桃水は出席しなかった。
　当日の、特に仙北民謡について小玉暁村は、急遽解説を依頼され、少々とまどったことを「民謡試聴会・所感」の中でふれている。
　試聴会は、秋田魁新報社講堂で行われた。

(1) 小玉暁村や田口織之助と仙北民謡

1・田口織之助―飾山囃子と仙北民謡の普及振興に尽くす

◆昭和の初期は、各地に郷土芸術研究会発足の時代
　～郷土芸能の振興が活発
◆日本青年館主催の「全国郷土舞踊民謡大会」の開催　　←柳田國男、小寺融吉らの尽力。
・大正14年の第一回大会：
　　東北からは岩手の「牛追い唄」と「山唄」の民謡紹介
　　尺八伴奏による新しい追分節「江差追分」が評判
　　新潟の「越後追分」も出演　　←元来の追分節の姿とはどんなものかを研究する目的があった。
◆昭和2年、角館民謡研究会が組織された。　　←田口織之助は昭和13年9月享年54歳で逝去。
　　～中川村の田口織之助や小林多吉郎らが、青年活動の活性化と後継者の育成を図る。
・青年活動の活性化と後継者の育成を図る。
・飾山囃子の普及振興や仙北民謡の発信をめざす。
◆活動の足跡
・昭和3年：「秋田郷土芸術研究会演奏大会」出演　　←研究会の熱心な活動は県内外で徐々に認められていった。
・昭和4年：「奥羽六県郷土芸術舞踊大会」（仙台市）出演
・**昭和5年：「第五回全国郷土舞踊民謡大会」出演**

> ●田口織之助の孫の武彦さんの話
> ・大正以来、地元では笛の名手田口堅治が組織した「三五郎組」が一世を風靡していた。
> ・この息子の田口幸太郎や三味線の菅原藤一郎、唄の名手黒沢三一、織之助の妻のサダ、踊りの師匠佐藤ツルエらが中心になって東京公演を果たした。　　←「第五回全国郷土舞踊民謡大会」出場のこと
> ・もう一人の指導者、小玉暁村は当時現職の小学校長であったこともあり、引率はしなかったのではないかという。・従来からの「お山囃子」の名称を「飾山囃子」と改称したのは本人も言うように暁村だと言われているが、あるいは織之助とも相談することがあったのではないかと話す。　　←県への推薦などで尽力した暁村の業績は忘れられない。

◆小寺融吉の講演
・昭和12年7月10日、秋田縣人雑誌社主催の「縣人午餐会」で「秋田の唄と踊り」について講演している。
・その内容が『秋田縣人雑誌』の昭和12年8月号に載る。
　―彼が主催者の一人として東京で秋田の郷土芸能を紹介したのには、「仙北中川村のおやま囃子」「西馬音内の盆踊」「北秋田郡荒瀬村根ッ子の番楽」の三つあったことを述べる。　　←小寺融吉はこの郷土芸能に注目していた一人であった。
　　中でも、暁村との交流から「おやま囃子」への思い入れは強かったようだ。
◆角館民謡研究会のその後の活動
・昭和7年「建国の夕」（東京）出演
・昭和8年の「秋田魁新報社五十周年記念祝賀会」出演　　←歌い手として常に黒沢三一が出演。三一は織之助亡き後、小玉暁村の〈仙北歌踊団〉の歌い手としてその役を担う。
　―単に飾山囃子の演奏だけでなく、歌い手を通して「ひでこ節」「生保内節」「長者の山」「秋田甚句」「秋田おばこ」などの仙北民謡が新しい曲調を持って紹介されていた。

> 田口織之助の息子の故田口猛男さんは、父の事績を『桂の杜社「里」かくのだて』（昭和49～52）中「北浦の芸能の系譜―中川の民謡人脈―」に詳しく記録している。
> 織之助の生家（旧中川村）近くに昭和12年建立の「郷芸記念碑」が建つ。この顕彰碑には「飾山囃子」の出演記録の他、組織指揮者としての織之助や県、村、などの関係者、出演した伴奏者や歌い手、踊り手の名が刻まれている。

２・小玉暁村による仙北民謡の発信－「秋田民謡」へと成長

◆秋田民謡の研究と発信の祖
・東北民謡の研究家・武田忠一郎はかつて小玉暁村を「秋田民謡育ての親」と表現した。
・私ならば彼の業績を踏まえて「秋田民謡の研究と発信の祖」と表現したい。

◆秋田民謡発信
・昭和７年「仙北歌踊団」組織
　－地元の民謡人や若い踊り子達を構成員に県内外で活動を行った功績は大きかった。
　－特に、歌い手として黒沢三一を得て一緒に活動し、「秋田甚句、秋田おばこ、生保内節、長者の山、荷方節、ひでこ節」など仙北地方で親しまれてきた民謡を「秋田民謡」として内外に発信した。
・暁村の「仙北歌踊団」への思い
　－「仙北歌踊団を起こしたのは郷土芸術を永遠に伝えていきたいがためである」
　　「色々な嘲罵を浴びながらも、ヤクザ視される自分の芸術を、教育界から放り出された身を打ち込むほど熱い思いを持って意義あるものにしていきたい」
（昭和１５年６月号の『秋田縣人雑誌』に寄せた
　　「皇軍慰問班の出発に際して」の中の一文）

←同時代の動きとして
・大正の末期からの佐藤貞子の活躍
・中央の催事行事での秋田市川端芸妓連　による秋田音頭公演
・鳥井森鈴や永井錦水などの大日本民謡　研究会秋田県支部の民謡人の活躍

←教育者として、地域人として
　郷土芸術としての民謡をどう育てたいか、その考えの一端を示したものであった。

◆民謡研究家、小玉暁村
・大正期から「おばこ節」や「秋田萬歳」を皮切りに、長年仙北地方だけでなく県内の数多くの民謡を研究。
・その成果を秋田魁新報紙上、角館時報紙上などに精力的に発表した。
・**昭和７年秋田放送局開局を記念して、秋田魁紙に「芸術の花、仙北特有の謡と踊の側面、ＵＫ放送局に寄す」を３回にわたり掲載する。**
・昭和９年には、秋田県の民謡（当時は「俚謡」と表現）の全貌を中央の民俗研究誌『郷土芸術』に掲載する力量を示す。
・同年にはまた、暁村積年の研究成果を『**秋田郷土芸術**』として実質執筆刊行する。
・昭和１４年秋田県師範学校が刊行した『**秋田綜合郷土研究**』の「郷土芸術」の項は当時の小野崎晋三教授が監修した部分であったが、**その多くは小玉暁村の研究成果を引用したものであった。**

←まとまった形で仙北民謡を紹介した。これが後年、当時の民謡の中身を知る資料的価値を有することになる。

←当時の秋田魁新報社社長、安藤和風をして＜斯道の造詣深き小玉暁村氏…編輯＞と言わしめた本県初の本格的な民謡研究書となった。

◆民謡研究家との交流
・武田忠一郎や小寺融吉、町田嘉章、藤井清水らとの交流を通して「秋田民謡」を発信。
・昭和１２年のこと—暁村は唄い手の黒沢三一と三味線の西宮徳水と一緒に東京の町田嘉章邸を訪問した。その目的は「仙北の岡本っこ」の収録にあったが、三一の唄う数多くの仙北民謡をも収録した。

←町田にすれば思わぬ副産物を得た…と。
　暁村の研究は番楽、神楽などの民俗芸能にも深いものがあり、昭和８年本田安次の突然の訪問は本田自身にとっても多大な採集成果となっていた。

資料：全国郷土舞踊民謡大会の記録から

飾山囃子

秋田縣 仙北郡 角館町

一 名義

角館町の鎭守神明社の例祭は陰暦八月六日で、その時に他府縣で云ふ山車に當るところの飾山を造り、町を曳いて歩きますが、飾山の上で樂を奏し、踊を踊り、これを飾山囃子と申します。

二 沿革

神明社の創建は元和年間で、城主戸澤盛安が城廻に祀り、後に田町山に移して、飾山が行はれ始めました。轉じて今日の岩瀬山に移されてより一府盛大に行はれ、佐竹氏が領主となつて以後は、各町内競つて大きい飾山を造るやうになり、その高さも五丈六丈から七丈の餘の物まで出來て、前肩六十人、後肩四十人、合せて百人の屈強の若者が舁いて歩くほどになりました。然し今日では電信柱が立つ時勢なので、飾山の高さも次第に低くなり、之を數百反の黒布で山の形に包み、車に組立てゝ曳いて廻るやうに變りました。飾山は尺角以上の角材の欅をもって四方の親柱として、前日は佐竹氏の館に曳き、佐竹氏からは一同に酒肴が出るのが、今に及ぶ慣例であります。そして例祭當日は神明社に、等身大の人形その他を添へて飾ります。

三 歌舞の實際

歌舞は飾山の前方の床で演するので、踊り子は、いづれも町家の娘で、扇の五ツ紋の濃淺黄無地の袷の振袖、藤色の袴、赤の脚袢、白足袋、赤鼻緒の藤裏草履に、白手拭の頰冠りをし、扇と手拭を使つて踊ります。樂器は大太鼓、小太鼓、鼓、三味線、摺り鉦の五種で、囃子方は扇の五ツ紋の草色無地の袷、淺黄の鹿匠もツペ（一名カルサン）を穿き、編笠を冠りますが、太鼓の役は白手拭の鉢卷に襷がけ、筒手を用ひます。曲目は第一に意壯磯爛な上り飾山の囃子。（本調子）、第二に、とは打つて變つた和氣靄々たる下り飾山の囃子（二名諧中ぶし、三下り）以上は囃のみで第三の二本竹、第四の擧ばやし（三下り）は、踊はありますが歌はなく、第五の甚句（本調子）、第六のおばこ節（三上り）は踊も歌もあります。

四 歌詞

甚句
甚句をどらば三十が盛り、三十越ゆれば、その子が踊る。
甚句にとらば板の間で踊れ、板の小拍子で太鼓三味いらない。
奥州街道に白菊うえて、此の年莟らせば十と七つ〲十七なア、おばこなど、何にて花コなど咲かれなァ。咲けばナア、實もやなる、咲かねば日陰の色もみぢ。

おばこ
おばこなア、なんぼになる、菊は何ぎく、サ、便り聞く。
おばこなア、来るかやと、橋の袂に出てみれば、おばこ来やもせぬ、螢の虫コなど飛んでくる。

五 出演者

編　佐藤つるゑ
　　佐藤まさゑ　田口まき　小林たき　田口うめ　菅原たま　田口幸太郎　菅原郡一郎　田口芳郎　小林正　三味線　菅原喜代松　黒澤清一
大太鼓　黒澤清一
小太鼓　田口芳郎　小太鼓　小林正　三味線　菅原喜代松
證　小林竹松　証　田口織之助（唄）黒澤三郎　監督　蛇田忠次

◆上の資料は、「第五回郷土舞踊民謡大會」のパンフレットに載った飾山囃子の説明及び出演者の資料である。
唄は「甚句」と「おばこ」が紹介された。唄い手は黒沢三郎（三一）であった。

◆左の写真は、出演した記念の感謝状である。
田口織之助のお孫さんの田口武彦さんが大切に保管されている。

◆大会は、昭和5年4月に開催された。

感謝狀

秋田縣仙北郡中川村有志殿

第五回全國郷土舞踊民謡大會ニ出演セラレタルコトヲ感謝ス

昭和五年四月二十日

財團法人日本青年館理事長後藤文夫

資料：田口舞踊会の活躍を物語る「郷土芸能記念碑」を見る

所在地　旧中川村山谷川崎字雫田

碑文には、第五回全国舞踊民謡大会や建国の夕への出演のこと
当時の出演者名などが刻まれている

故田口猛男氏（現当主は武彦氏）宅
＜田口織之助の生家＞
記念碑は、道路を挟んで日三市方面に向かう左脇に建っている

● 「郷土芸能顕彰碑」碑文の内容

郷芸記念碑

【飾山囃出演】

日本青年会館全 自昭和五年四月 一行組織指揮者 田口織之助 出演者 田口幸太郎 踊 師佐藤ツルエ
　　　　　　　　　　　　　　　　　　笛 田口幸太郎
　　　　　　　　　　　　　　　　　　三味線 菅原藤一郎
国舞踊民謡大会 十八日 三日間　　　賛助　　　全 喜代松　踊 全 田口 マサエ
賜澄宮崇仁親王 全六年八月廿日　　　　　　　全 亮之助　　 全 田口 ウメ
王殿下御台覧　 全九年五月十六日　　　　　　全 田口芳郎　　全 田口 アキ
賜東伏見宮大　　　　　　　　　　太鼓　　　全 小林多吉郎　全 小林 タツ
妃殿下御台覧　　　　　　　　　　　　　　　全 東京神田海之助　全 菅原 タマ
建国祭建国之夕 全七年二月十一日　 鯱　　　県 菅原裏郎
日比谷大公会堂　　　　　　　　　　唄　　　　黒沢三一
蓄音機吹込放送共多数　　　　　　　　　　　村長 小林利顔　全 田口サタ

・昭和十二年に田口織之助生家の雫田に建立

・田口織之助は翌十三年九月に亡くなった。享年五十四歳

・澄宮崇仁親王は昭和天皇の弟の三笠宮である。

・碑文中に、お山囃子紹介の貢献者、児玉暁村の名がないのが残念である。他村関係者であった故であろうか。
暁村は、昭和六年十一月に依頼退職し、その後中川歌踊団その後の仙北歌踊団の結成・指導に当たっていく。

資料：小玉暁村の活躍の跡

Ⅰ・俳人暁村から仙北の芸能・民謡の普及・指導に努めた暁村へ

平岡専太郎の『日本風俗の新研究』中の「大葉子節」＝「仙北おばこ」の考え方に刺激され、「おばこ節」研究を手がける	明治14年（1881）旧中川村生 明治33年（1900） 明治34年（1901）角館小学校教員となる	このころより俳人として本格的に活動
⇩ 秋田魁紙に「万歳」 同紙「お末娘ぶしについて」 同紙「おばこの起源」 同紙「仙北踊の話」 同紙「お末娘ぶしの話」 同紙「末娘節物語」	明治37年（1904）角館小学校訓導となる 明治38年（1905） 明治42年（1909） 大正2年〈1913〉 大正5年（1916） 大正6年（1917） 大正7年（1918）西長野小学校長となる 〈以後、14年にわたり校長を務める〉 大正9年（1920）心像小学校長となる	句集「渋柿集」発表 角館句会で本格的に活動 地域の俳句指導をしながら地域指導に当たる
歌い手、黒沢三一を発掘 郷土芸能「お山囃子」「仙北民謡」の保存継承へ本格的指導 ⇩	大正11年（1922） 大正13年（1924）秋田県は社会課を創設社会教育振興の一貫として郷土芸術の振興を具体化へ	
7月「飾山囃子舞踊団」結成 12月秋田県社会課に「秋田郷土芸術研究会」が創設される。 秋田市で「秋田郷土芸術研究会演奏大会」に仙北民謡が紹介される（おばこ、ひでこなど） 仙台市で「奥羽六県郷土芸術舞踊大会」に「お山囃子」出演 東京で「第5回全国郷土舞踊民謡大会」に「お山囃子」出演 3月魁紙に「芸術の花、仙北特有の謡と踊の断面、UK放送局に寄す」を載せる、33曲の民謡等を解説 6月『日本民俗芸術大観』に「秋田県角館町飾山囃子記録」が掲載される	昭和2年（1927）岡崎小学校長となる 昭和3年（1928） 昭和4年（1929） 昭和5年（1930） 昭和6年（1931）11月稲沢小学校長を最後に教員生活を離れる 昭和7年（1932）4月中川歌謡団結成 　　　　　　　　9月仙北歌踊団結成 〈仙北北浦を中心とした人材〉 糸井亮元、小林竹松、黒沢三一、佐藤章一、佐藤貞治、佐々木時弥、小玉暁村、佐藤リツ、小玉暁村、佐藤リツ、小玉絢子、小松歌子、戸沢（鈴木）栄子など	「暁村句鈔」発表し、生活句の集大成へ ⇧ 生活誌を詠む俳人・暁村の句作の軌跡

Ⅱ・仙北の芸謡を秋田の郷土芸術に育てた10年

〈民謡・民俗芸能研究の時代〉	〈仙北歌踊団の人々と歩んだ10年〉	〈出会い〉
「郷土芸術・番楽の研究」（魁紙） 「秋田盆踊展望」（郷土芸術）	昭和8年（1933）「秋田郷土芸術鑑賞大会」 　　　　　　　　　　　　（秋田市） 　　　　　　　　「仙北郡郷土芸術大会」 　　　　　　　　　　　　（角館町）	8月本田安次が暁村を訪問 〈ささら、番楽、お山囃子などについて聞き取り〉
「郷土芸術往来―仙北の歌踊」 「郷土芸術研究―萬歳の巻」 　（以上、『秋田郷土叢話』） 「秋田県の俚謡全豹」（郷土芸術） 「秋田郷土芸術」（秋田県郷土芸術協会） 「東北の民謡」刊行 〈武田忠一郎監修〉	昭和9年（1934）「東北六県民謡大会」 　　　　　　　　　　　　（大阪府） 　　　　　　　　「お山囃子のレコード吹き込み」 　　　　　　　　（東京・ビクター社） 　　　　　　　　「郷土芸術鑑賞の夕」 　　　（東京：郷土芸術社・秋田社）	福田豊四郎、栗田茂治
	昭和11年（1936）藤田嗣治が監督した映画「現代日本」に仙北歌舞踊団の「おばこ踊」「秋田音頭」も紹介される	藤田嗣治
「東北の民謡」改訂版刊行 国民教育の郷土教材誌作成のため、秋田師範学校が「秋田県の綜合郷土研究調査」を始める～暁村も協力者となる ↓	昭和12年（1937）仙北民謡をＵＫより全国中継放送	浦本浙潮、武田忠一郎（書状） 町田嘉章～3月26日訪問
調査中「郷土芸術」を秋田師範小野崎晋三教諭が担当 ↓	昭和13年（1938）仙北歌踊団が仙北民謡をレコード吹き込み（東京・コロンビア社）	
3月『秋田綜合郷土研究』発刊 〈中等学校等の指導教材となる〉	昭和14年（1939）	
	昭和15年（1940）秋田県派遣皇軍慰問団「秋田オバコ節部隊」北支慰問	大曲町長高垣保吉
	昭和16年（1941）仙台中央放送局主管で「東北民謡試聴団」来県 〈仙北民謡について小玉暁村が司会・解説〉	柳田國男、金子洋文、武田忠一郎等
	町田嘉章監修の海外紹介向けの郷土歌謡吹き込み（角館の祭礼囃子他）（東京・丸の内産業組合会館）	町田嘉章
	昭和17年（1942）大日本民謡協会発会式に仙北歌踊団一行が出演（東京・丸の内産業組合会館）	
	4月15日、小玉暁村逝去	

資料：『秋田郷土芸術』に取り上げられた主な郷土芸能や民謡

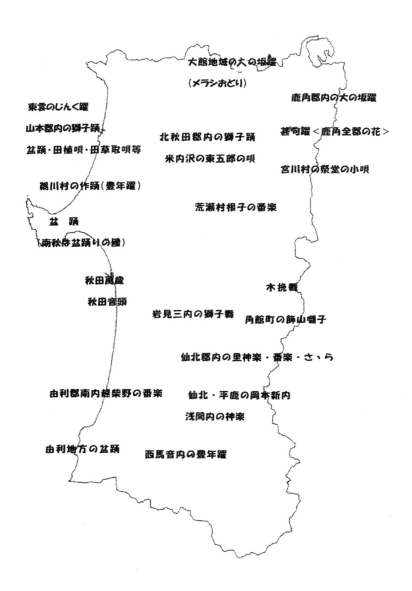

小玉暁村が実質執筆編集した「秋田郷土芸術」。
この中には今では消滅したり、名称の変化した民謡や郷土芸能が載り史料的価値が高い。
例えば、大日堂舞楽は「祭堂の小唄」、西馬音内盆踊は「豊年踊」などと呼ばれていたことがわかる。

(2) UK放送がもたらしたもの
1・UK秋田放送局開局記念放送をながめる

◆昭和7年2月26日、UK秋田放送局開局特別番組放送
・大型紙面で、秋田魁新報に掲載される。　　　　　　　　←当時の秋田や仙北地方、由利
・タイトルは＜わしが國さの俚謡―郷土の大家出揃ふ＞。　　地方などで活躍していた代表的
　　　　　　　　　　　　　　　　　　　　　　　　　　　　民謡家の出演であった。

◆秋田市太平の永井錦水が歌う「三吉節」を最初に紹介。
　＜〽わたしゃ太平(たいへい)三吉の麓(ふもと)　人におしまけ大嫌ひ＞　　←その違いがわかり興味が湧く。
・昭和12年2月26日の田中誠月が歌う「三吉節」　　　　・三吉の麓→三吉の息子→三吉
　＜〽わたしゃ太平(たいへい)三吉の息子(むすこ)人におしまけ大嫌ひ＞　　　のコドモ
・今日、民謡歌手の進藤義声さんらが歌う歌詞
　＜〽わたしゃオイダラ三吉のコドモ人におしまけ大嫌ひ＞

◆三吉節のこと
・故佐々木由治郎氏著『里の唄声』（平成元）の「三吉節」
　―この唄は梵天奉納唄の「保呂羽山節」を戦前秋田市近郊の歌い手が聞き覚えて持ち帰り「ほろさ節」として歌っていたと進藤勝太郎氏から聞いた。昭和14、5年頃という。
・淺舞の郷土史家の故寺田伝一郎著「八十翁談話」（『旅と　　←寺田本人もこのお山参りに参
　伝説・3月号』、昭和12年）　　　　　　　　　　　　　加した若衆の一人であった。
　―「保呂羽山の冬参り」のことについて詳しく記録。
　明治十年代まで、旧大正月五日當(いつかど)の保呂羽山祭典にあわせ、四日の晩から盛んに淺舞や増田などの近在の町の若衆が「保呂羽山参り」を行っていた。前年の夏から準備していた三貫目の大蝋燭や梵天を奉納するのがその習いで、道中歌われたのが＜じょあさあ＞のかけ声も勇ましい「八沢木唄」であったという。
　四日の未明には山を下るがその道脇には方々に葺簀張り　←唄の女名手が揃っていた沿道
掛茶屋が並んで八沢木沢目の女達がこの「八沢木唄」を歌っ　の帰り道、多くの若衆は自然に
て客を呼んでいたという。　　　　　　　　　　　　　　　この唄を覚えて家路についたこ
〽八沢木のお山から吹き来る風は　五穀稔れと吹きまくる　とであろう。
　ジョヤサー　ジョヤサー　　　　　　　　　　　　　　　　曲調は当時から東北一円に流
〽八沢木沢目の水さえ飲めば　七十年寄(としょ)りも　若くなる　布していた「越後松坂」系の民
　ジョヤサー　ジョヤサー　　　　　　　　　　　　　　　謡で、秋田で「荷方節」とよん
〽八沢木沢目の炭焼き娘　色は黒いども　味がよい　　　　で親しまれたものの一種であっ
　ジョヤサー　ジョヤサー　　　　　　　　　　　　　　　た。いわゆる「新潟節」である。
〽茶屋のおなごだち舟場(もり)の船頭よ　お客来るたび渡せ渡せ
　と　ジョヤサージョヤサー

◆鳥井森鈴の「秋田おはら」
・森鈴の歌う「おはら」は、日ロ戦争物と県尽くし。　　　←当時「津軽おはら節」でその地位に
・＜県尽くし＞が誠に面白い。　　　　　　　　　　　　　あったのが北海道出身で弘前で活躍
〽あることないこと福島県、女房お前は秋田県、…これ程　していた函青国子であった。
いふても山形県なら　後はなんにも岩手県　　　　　　　　　唄は、あの＜〽鹿さん鹿さんなぜ泣
・鳥井森鈴の、人々の笑いを誘う滑稽芸の躍如たる一面が　くの…＞の名歌詞である。子どもまで
こうしたところにもあらわれていた。　　　　　　　　　　口ずさんだもので、意味のわかるよう
　　　　　　　　　　　　　　　　　　　　　　　　　　　に歌った人であったと彼女を評価した。

2・UK秋田放送局開局記念放送－仙北からは＜田口舞踊会＞、由利からは斎藤如水他

◆角館町の飾山囃子田口舞踊会（田口織之助代表）の出演
・歌い手は黒沢三一、佐藤貞治、津島きえ、高橋すえゑの等で、「秀子節」「生保内節」「秋田甚句」「秋田おばこ」「仙北囃子」を紹介した。
・「秀子節」「生保内節」などの唄は古調を変えたもの。　←オルガンに合わせた新しい曲調のもの　ある意味では歌いやすくしたということになるが、元唄の味は薄くなってしまった。
・「秀子節」の名手、太田秀月は尺八伴奏であったため、その美声を聞くことは出来なかった。
・「秀子節」の歌詞より
♪良い酒コ　親にのませて我が飲めば　ナコノヒデコナー。我が呑めば　砂糖か甘露か夏梨か　←地元の民謡研究家であった故田口秀吉さんは好んで歌っていた歌詞である。
・「生保内節」の歌詞より
♪吹けやおぼねかぜ　七日も八日も　吹けば宝風　稲実る　←＜おぼねだし＞と言わず、＜おぼねかぜ＞となっているが、これは多分印刷上の間違いではなかったろうか。＜かぜ＞とは表現せず、＜東風＞と歌う。

♪なんぼかはれども　おぼね衆は知れる　藁で髪結ふて編笠で　←＜藁で髪結ふて編笠で＞は＜藁で髪結ふて手鼻かむ＞をもじったもので、生保内衆を揶揄した言葉だと田口秀吉さんが小玉暁村を批判していたのを思い出す。

♪来たり来ねだり夏堰の水いっそ来ねだら　来ねといへ　←夏の日照り続きで田圃に水が来ないことに掛けた文句であるが、同類の歌詞は、船の寄港地で女がまだ来ぬ思う人に掛ける＜追分節＞の中にも歌われるもので、そうした文句からヒントを得て創作された歌詞である。

・この他、「秋田甚句」「秋田おばこ」「仙北囃子」なども演奏、歌唱され、ちょっとした仙北民謡のオンステージになっていた。
　軽快で心弾む曲調だけに人々から喜ばれたものと思う。

◆由利からは、金浦町の秋山いつの「秋田追分」
♪雨と風との邪魔さへ無けりゃ明日は見事に咲く桜　花は良けれどありゃ木が高いとても私の手に折れぬ　←前唄
♪ほんに恨めし何処の人の袖に色香を送るやら　←本唄
♪あはれ私は深山の桜色も香もない主もない　←後唄
・森鈴によって生み出された「秋田追分」を如水流に改作した歌詞であったのではないかと想像する。　←斎藤如水が尺八伴奏
　森鈴が作った歌詞になかなか同類のものを見いだせないからである。
・如水は当時由利第一の尺八名人といわれていた人で、三味線名手の高力市太郎とともに戦前の由利民謡界を背負って活躍した人である。　←新しい形になった「本荘追分」のレコーディングでは加納初代などの尺八伴奏を務める人でもあった。

（参考）故牧賢藏さんから伺ったこと
　加納初代は鳥井森鈴からというよりは、むしろ斎藤如水から指導を受けて成長した。

◆秋田市の「秋田音頭」の放送
・中央でも度々注目を浴びていた川反芸妓連放送だった。　←ある種、秋田美人連の紹介にもなっていた。
・歌詞は秋田の名所尽くしの他、＜♪棚コの隅コの笊コの蒜コ味噌コであへたとさ…＞＜♪妻君ある人秋田に来るなら心を堅くもて…＞の興趣ある歌詞も歌った。

3・UK放送の果たした役割－西宮徳末や田中誠月など多彩な民謡人の活躍

◆**昭和７年２月の秋田放送局開局の影響**
―ラジオ番組で当時＜俚謡＞と呼ばれた民謡が多くの人々の耳に入るようになった。
・民謡の新しい展開を象徴する出来事になった。

◆**UK放送は毎年２月に周年記念番組として＜俚謡番組＞を特集することが何回かあった。**
・まさに民謡が電波によって流布する時代となった。
・民謡人にとっての新しい活躍の場ともなった。

◆**事例として―昭和８年２月の動き**
・２日放送「萬歳俚謡囃子」
　―秋田萬歳や大謡、長持唄、荷方節、追分、飴売節放送。
　　出演は当時の大平村や岩見三内村の方々が中心。
・２２日放送「全国向けに秋田の俚謡」
　―馬方節、本荘追分、小原節の３曲であった。
　　本荘追分は由利の松井よしが畠山浩蔵の尺八で歌う。
　　小原節は加賀谷かねが山内養水の三味線で歌う。　　←加賀谷かねは現秋田市雄和の川添椿川に生まれ河辺戸島に生活を構えた女性。戦前の秋田民謡界にその名を残した一人として有名である。昭和１０年代、金浦の加納初代とライバル同士であった。（69ページ参照）
・２８日放送「仙北歌踊団の特別番組」
　　西宮徳末のきよぶし、黒沢三市（三一）のおばこ節、
　　佐藤貞治のしゅでこ節、
　　戸沢竹酔（竹蔵）の荷方ぶしと筏ぶし
　　祝唄のきよぶしは小玉暁村も得意とした唄だったらしいが、西宮は三味線を弾きながら歌った。
　　三市のおばこ節は西宮の胡弓の伴奏で歌われた。
　　佐藤貞治の歌ったしゅでこ節は次のような歌詞
♪さらさらとなア　流れなア　小澤の底見れば
♪底見ればなア　石もなア　真沙(まさ)も皆黄金
♪皆黄金なア　ここのなア　ざしきに流れ込む　　←今では私達が聴くことのない歌詞である。「鹿角ソデコ」に似る歌詞を持つ。
　　荷方ぶしの歌詞として
♪お前百まで私しゃ九十九まで　共に白髪の生えるまで　　←目出度い内容が歌われた。
♪雨のふるやうにぜにかねふらば　野にも山にも倉は立つ　　←＜♪お前百まで…＞は今、秋田甚句でもよく歌われる文句である。
などと。
　　筏ぶしは無伴奏で歌われた。　　←竹酔が得意とした俚謡であった。
♪口々に築はやらぬと　堰根(どね)止める　こちは御免の御用薪
♪中空に月がおかさで雨模様大風の来ぬ間に久保田まで
♪今ごろはうちでおさとが床の上　私しゃ筏で薪の上　　←無事に御用薪を藩都の久保田まで送り届ける仕事を知る材料にもなる。古調民謡を聴くことが出来た時代であった。

◆**昭和１０年２月２６日は秋田放送局開局三周年の日**
・この時仙台放送局より俚謡の生中継が行われた。
・田中誠月の秋田追分、三浦東洋の三吉節と秀子節、宮田禎蔵の秋田小原節、佐藤與八の秋田音頭の他、藤井良子の秋田おばこ節と生保内節が放送された。　　←藤井良子(りょうこ)は竹山の長女で当時１０歳、評判を呼んだ風で大きく写真で紹介された。ケン子はその妹である。
・この時の伴奏が三味線は鈴木観人、尺八が藤井竹山であった。　　←鈴木観人は観洋とも称した人で北海道出身と聞いたことがある。

> 田中誠月は鳥井森鈴とともに唄会興行に活動した民謡人で、UK放送では県民の間ではおなじみの歌い手であった。追分や三吉節を得意としていた。佐藤與八は佐藤與八郎のことであろう。秋田市豊岩の生まれで秋田音頭の地口を即興で歌い上げる名人であったという。

4・UK放送の果たした役割ー「俚謡マイクの旅」や「俚謡講座」の番組

◆UK放送の企画ー昭和15年頃まで東北からの俚謡番組
◆昭和10年秋、「俚謡マイクの旅」が連続放送
・その第六夜
　ー小玉暁村が指揮解説。
　　黒沢三郎（三一）や田口サダなどにより秋田民謡紹介。秋田音頭と仙北音頭、生保内節、おばこ節、秋田甚句と仙北民謡が中心であった。
　ー西宮が歌う仙北音頭の歌詞
〽踊るも跳るも若いうちだよ　俺様に年ァ行けば
　踊りだげだばしっかり踊てもさっぱり賞めでけねえ
〽お前たちお前たち踊って見るたてあんまり口あぐな
　今だばいゝども春先などだば雀コ巣コかげる
〽女房どいふ奴のさばらかしては際限ないものだ
　亭主の頭で三番叟踏むやらあぶない狂言だ

　　ー生保内節、おばこ節、秋田甚句は田口サダが歌った。
　　姉こもさを得意とした歌い手としても有名であった。
　　　彼女の歌ったおばこ節
〽おばこ心持　辰子潟のすき通る水の色
　ちょいとのぞめば　十五夜のお月さま影をさす

◆民謡研究家の故町田嘉章著、随想「田沢湖周辺の民謡」
・＜仙北俚謡の初印象＞として放送を通して小玉暁村と出会ったときのことを次のように述べている。
　ー「私が秋田県民の民謡を郷土的な意味でしみじみと聞いたのは、昭和十年九月三日、秋田の放送局から全国中継で放送された仙北歌謡（踊）団の演奏のそれであった。…その演奏に先立って指揮者の小玉暁村氏と貝山アナウンサーとの曲の解説的問答が行われ、その小玉さんのお国弁まるだしの話し振りが非常に郷土芸らしい演奏効果を助けたわけで、…ことに秋田県のものが今日尚印象に残っている…。」

◆昭和12年春に放送の後藤桃水の「俚謡講座」
・その第二講が＜秋田、山形、青森のお国自慢の紹介＞特集であった。放送は4月9日であった。
・山形民謡は、さもんじゃ、最上くどき、新庄節、はえや節、しょんでこ節、庄内おばこ、大澤おばこなど。
　青森民謡は、草取唄、米つき唄、おぼこ祝唄、ホーハイ節、津軽山唄、よされなど。
・秋田民謡は、黒沢三市のひでこ節と秋田おばこ、藁打唄（タント節）、田口勝太郎の荷方節、田中誠月の三吉節、加納初代の本荘追分と臼挽唄。
・田口勝太郎（旧仙北郡中川村）の歌った仙北荷方。
〽荷方いつ来る今月末に　のびて来月2日頃
●この歌詞から＜荷方＞とは新潟方面からやって来た旅回りの芸人を暗にさしていたことが理解できる。
　かつて村人達は彼等の芸を心待ちにしていたのである。

←この時の三味線は西宮徳末、尺八は太田永五郎（秀月）、太鼓は田中誠月であった。

←これらの文句は西馬音内盆踊りの音頭でも歌われるなど、県南では広く歌われた歌詞である。

←＜三番叟踏む＞は番楽などに見られるやや艶な芸をさしていう表現である。
←彼女は飾山囃子の発信者の功労者、田口織之助の妻である。

←これがきっかけとなって暁村と交流をしていくことになった。
　町田は暁村の郷土色溢れる解説に惚れ込むとともに、その交流によって多くの仙北民謡を知り得たし、徳末、三一などの優れた民謡人も知ることになった。

←さもんじゃ、はえや節、しょんでこ節、草取唄、米つき唄、おぼこ祝唄などは今では殆ど聞くことのできなくなった民謡である。
←秋田からは今でも比較的好まれて歌われる民謡が紹介された。

5・ＵＫ放送の果たした役割－＜俚謡の國・秋田＞、地域色豊かな民謡紹介

◆郷土色豊かな秋田民謡の番組は民謡人を身近なものにしていった。
　民謡風土の醸成にも一役買っていたともいえる。
　まさに＜俚謡の國・秋田＞の誕生であった。
◆ＵＫ放送は、俚謡を郷土芸術として考え、単なるひなうた或いはプロの芸人のみの民謡とばかりは捉えていなかったと考える。

←結果的にはその両方の要素を取り入れることで、秋田民謡の普及と浸透に貢献することになった。

◆その事例
・昭和９年７月２３日放送の「ローカル放送・俚謡」
　―由利地方と一日市地方の民謡が紹介された。
　　由利からは浅野善十郎の長持唄と大正寺節。
　　　　　　　浅野喜一の大正寺おけさと臼ひき唄。
　大正寺に伝承の民謡を紹介した意義は大きい。
　今日、大正寺節と大正寺おけさで地域づくりに努力している秋田市雄和新波の人々はこうした先人の功績を足がかりに、地域の民謡を誇りを持って継承している。
　長持唄も秋田市周辺では一名箪笥担ぎ唄、道中の祝唄として歌われてきた。
　―浅野善十郎が歌った長持唄の歌詞
〽目出度目出度よ若殿様よ　地業も重なる五萬石
〽門に門松祝ひの柳　落ちる雫は皆黄金
〽このや家箪笥は黄金の箪笥　金の千両も入った様だ

←両人は地元では名のある民謡人ではあったが、それを職業とした人たちではなかった。
←戦後の普及では初代浅野梅若らの業績も見逃せない。

←同じ雄和地域では「長持唄全国大会」を開催するなど、唄の保存継承に努めている。
←道中の祝唄としての長持唄の姿を読みとることができよう。

　――一日市からは、渡辺ナミ子と工藤リワ子の五月（さつき）豊作唄、
　　　　　　一日市馬方節、心棒地つき唄。
　五月（さつき）豊作唄の歌詞
〽苗もよいししろもよしな　稼で植れこぞとめ
〽一本植れば千本に成る一束三把で五斗八升
〽朝はかのやみなぐちに咲いた花はなない花
〽稲の花かや酒の花かや　あれは長者のない花
　一日市馬方節の歌詞
〽目出度目出度の若松様よ　枝も栄ゆる葉も繁るよう
〽これの御亭主この御庭には　鶴と亀とが舞遊ぶ　地業もかさなる　名もあがる
　道中の馬方節ではなく馬方達が長持ちなどを馬の背につけて引き立てる時に歌う「おたち」とも呼ぶ馬子唄である。
　心棒地つき唄の歌詞
〽そら皆さん頼むぞヨウイヤトコセヨイヤナア
〽始まり早いは終りも早いアラーラドコイヨイトコヨイトコナ
ヨウイヤトコセヨイヤナアーは、＜ヨーイ　ヤートコセーヨーイヤナー＞とながめて歌われる。
アラーラドコイヨイトコヨイトコナーは、＜アラアラドッコイ　ヨーイトコ　ヨーイトコナー＞となろう。

←いわゆる田植え唄であるが、今では歌える人もなくなった。

←近年地元の方々により復活を見た唄。
　いわゆる道中の祝唄であった。

　南部地方には駒曳き唄として長く歌われてきた類似民謡がある。

←秋田で広く歌われてきた土突唄である。曲調は伊勢音頭系の木遣り唄が入ったものである。
←土崎の港祭りの曳き山の時の曲調に似たものである。

・昭和１４年２月放送の俚謡
　―由利郡院内村（現にかほ市）有志による
　　　　　大黒舞、本荘追分、臼挽唄。

←地元の人々によって伝えられ定着した形のものが放送された。

資料：ＵＫ秋田放送局開局記念放送に出演した人々

昭和7年（1932）2月、ＵＫ秋田放送局開局記念放送の時の記念写真と思われる。
・中列左から二人目が黒沢三一で仙北民謡歌い手の第一人者となっていた。
・鳥井森鈴はこの放送で「秋田オハラ節」を歌った。鳥井森鈴は黒沢三一の右隣である。
・写真前列の中央が由利のま斎藤如水（当時の由利の尺八名人と言われた）。
・その右隣が西宮徳末である。当時の仙北一の三味線名手であった。
・如水の左隣が田口サダと思われる。サダは「姉こもさ」の歌い手として有名であった。
・田口サダの左隣が永井錦水である。この時は「三吉節」を歌ったが、当時「江差追分」を得意としていた。
・前列の左端は「秋田追分」の秋山いつという女性かと思われるが、不明・
・中列右及び後列右の数人は中川民謡人達と思われる。
・当時の、秋田の民謡界の概ねのスター達であった。　　　　　　　　　　〈写真は鳥井輝雄さん所蔵〉

資料：永井錦水を語る（佐藤敏さん）

■佐藤敏（トシ）さんは、昭和6年3月1日生まれ。84歳になる。（平成27年筆者撮影）
　永井錦水の二女として生まれ、同じ神田の佐藤金一さん（農業）〈昭和4年生〉と一緒になる。
■敏さんの話では、永井錦水は謡をよくする人で御祝儀などがあれば呼ばれていたという。
（昭和60年頃、秋田市太平で「大謡」が収録されている。唄い手は地元の鈴木久市（大正10年生）さん）
■錦水はまた、江差追分を得意として歌っていた。
　錦水の民謡巡業は昭和18年大平村役場に勤務してからは終了している。役場では主に勧業担当として活躍した。終戦後の昭和22年より26年まで大平村村会議員も務めた。
■錦水は、昭和7年2月のＮＨＫ秋田放送開局記念放送で「三吉節」も歌っている。同じ大平の民謡人、田中誠月とともに「三吉節」で放送することが多かった。後の、進藤勝太郎に影響を与えた人物といえよう。
■錦水の妻タノは、川向かいの本宿（もとしゅく）桜田家より嫁いだ人で、二人の間には五男二女の子があった。今は敏さんのみ御存命。永井家は火事に逢い、写真等錦水を知る資料はすべて灰に帰したという。

(3) 東北民謡試聴会

1・「東北民謡試聴会」―昭和16年5月のこと

◆昭和16年5月仙台中央放送局企画の「東北民謡試聴会」が東北各県で実施された。
・目的：「精神作用」の実現、「郷土愛」の高揚、「健全なる慰安娯楽」の実現など
　―要は、「新体制下における文化事業」の推進であった。
●町田嘉章の言：
　この企画の立役者は当時仙台放送局の嘱託職員をしていた民謡研究家の武田忠一郎と東北民謡の大家とも称されていた後藤桃水であった。
　実質は、東北民謡の収集と採譜に尽力していた武田の意向が強く反映されたものであった

◆試聴団の来秋は、昭和16年5月17日であった。
・柳田國男を団長とする試聴団には、戦後の日本民謡協会を指導した尺八奏者の浦本浙潮、作曲家の中山晋平や藤井清水、郷土舞踊研究家の小寺融吉、民俗学者の折口信夫の他、金子洋文や武田忠一郎などが参加。
・試聴された秋田民謡はおよそ四十曲ほどで。
　仙北地方や鹿角、由利方面の民謡が大半を占めていた。
・試聴会では、秋田おばこ、長者の山、ひでこ節、生保内節、姉こもさ、タント節といったおなじみの秋田民謡が現在とはやや違った曲調で試聴された。
・郷土芸能としては、毛馬内甚句、花輪囃子、飾山囃子などが試聴された。
・歌い手：黒沢三一、加納初代、田中誠月、成田与次郎等の唄の名手が加わった為、土地特有の古風な歌い方だけでなく、歌い上手が聴かせる試聴会にもなった。

◆小玉暁村の随想「"民謡試聴会"所感」
　　　　　―（『秋田縣人雑誌』昭和19．9）
―「はじめて飛び込んで来た探究者にどこのどれがホンの正調か原歌か容易に鑑別のつかう筈もない」
「採譜に堪能な研究者がたとへばおばこを探って奥地に入り、もとの姿だといふおばこ節を採譜してこれが正調であり原歌であると鬼の首でも取ったやうに発表した処で、それが果たして正調であり原歌であらうか…」

◆金子洋文の感想：「東北民謡試聴団にきく（上）心ひかれた作業唄」（秋田魁新報、昭和16．5．21）
―「三味線とか太鼓とかのついてゐるのは概して素朴さがないやうです。大ていは興業化していけなくなってゐます。」
「商売にうたふ人達や半芸人的に頼まれて歩く人達の唄はよくありません。…秋田でもそれを痛感しました。」

◆暁村と洋文の思いの違い：
―試聴方法に統一した見解が必要であった。
・例えば：派手な伴奏の付かない土地土地の人々の歌い方でとか、ちょっとした普段の酒盛りなの席で歌う風な姿でとか、何かの仕事をしている時の動作でとか―そういった要望はするべきであったろう。
　そうすれば、暁村等も納得して試聴に協力したであろう。

◆試聴会の評価：
　現代から見れば、この試聴会が昭和初期の民謡やその曲調を知る点では確かな歴史的資料を遺してくれたことは評価されるべきである。
　私は、こう結論しておきたい。

←時局下の昭和12年以降。小玉暁村や永沢定治の他、川端芸妓など戦地へ慰問団として赴く民謡人や民謡関係者が多かった。昭和16年当たりから、多くの県民が試聴を楽しみにしていたＵＫラジオ放送の俚謡番組も姿を消すようになった。

←東北各県に現存の古い民謡を試聴、収集

←5月18日付け秋田魁新報の見出し
＜豊かな唄の秋田！試聴団を酔はせる＞

←町田嘉章は秋田での試聴会から参加した。

←これらの地域外で試聴されたもの：山本地方の高谷節（高岩節）や駒曳唄、秋田市周辺の秋田音頭、秋田萬歳、三吉節、にかた節、横手の岡本新内、西馬音内盆踊りの音頭とがんけぐらいのものであった。

←今では殆ど聞かない民謡も試聴された。
―鹿角の山唄、土突唄、湯瀬村コ、津軽節、由利の松坂、アイヤ節、おしもこ節、仙北の喜代節、筏節、万作踊り、お目出度い等。

←暁村は、当日突然民謡の解説をすることになった。その批判的な感想を述べた一文である。
←**仙北民謡については、「現在あるがまゝの姿」で紹介してほしいと要望されたようである。仙北民謡の数々が華やかに紹介されたのはごく自然の成り行きであった。**

←一寸平の岡本新内や小林キミのおばこ節やひでこ節、黒沢三一の歌う仙北民謡の紹介振り、加納初代の本荘追分や松坂などにも多少不満を残していたらしい。

←**町田嘉章はこうした歌い方を収集したいが為に昭和18年また秋田を訪れた。**

〝民謠試聽會〟所感

小玉曉村

試聽會が開けるといふ自分は思うた。中央の舞踊、民謠、民俗藝能映畫、作曲といつたあらゆる方面の權威がお揃ひで、わが縣下の郷土傳承藝術を試聽し、世間に紹介することが一定めしれ啓蒙指導を得てこれからのわが民謠は進む可き道を誤りまい一段の盛行を來すに違ひないと期待した。

當日プロを拜見すれば唄は勿論踊を主としたもの、雑樂座敷唄、祝歌、酒盛唄、勞作唄、飴賣節、子舞の唄、等々踊も盆踊、祭禮踊、敷踊といつた凡ゆる種類を盡し、主催側の、來聽者の角度に對する用意周到さに敬服した。

さて見どころ感心するところを以つて申すたらば、私は民俗藝能を探る研究者が任地に入り、其所に踏留まつて節を採譜し、歌詞を探求しそれが果しての正調であるか否かといふ疑問に發表した原歌であらう。民謠は由來唱歌のやうに一定した節があつて、共に移り人によつて多少の相異もあり、また同じ民謠でも時代時代の色彩に反映して獨特の調子に飛込むところに自然とし得る所である。この揚發式といふことと此の土地の色彩と時代の影とが出來上るものと思ふ。

しかし見せるといふことを以て生業とせぬ鑑賞者側の多くは節を採譜してこれが正調であり原歌であるとして持歸つたならその首をとれと鬼に取られるやうなものに發表したであらうが、之れをとつて比較研究する者が幾人も亦土地の人に多少の心得のあるものに、民謠は由來唱歌のやうに一定した節があつて、一人によつて多少の相異もあり、また同じ民謠でも時代時代の色彩に反映して獨特の調子に飛込むところに自然と

民謠は田草取除草機を使ふやうに勞作歌化し、尻押し、種を播く催眠型となつて前方に進むに進まざるを喰はず勞作唄としての唄ひ捨のものからそれが酒席に拾はれるや始末、秋田音頭や盆踊ら唄にもあつたが、後、芝居師武骨なる唄ひ方が改装されて唄と踊となつて更に藝妓の手にかゝり賑かに保内節長唄化も見ての師匠の手に入り座敷節と作業歌となつたもの、共に保内節酒の座に唄はれるやうになつてらも曠者山等もあると聴くが、

のが例を申せばつまり左鳳のも民謠で、ともに勞作歌から化してゐるが、尻押唄や田植唄、庭にもあるのに、今の唄ひ手となるとこゝでは同じやうに原形を根本を掘下げてはそれでないからない、結局唄ふやうなものの、

探究者に大地の人と唱別のつかが多いんで、正調の原歌か容易に鑑別が出来ない手であらう。今の唄ひ手も同様に原形のまゝ歌ひ来るのやない

すくどもかも推移してゐるといふ氣風で、自分は當然解說のある程度を仰ぐとつゞことゝと思つたが今となつては此唄の中の地方色彩は遙かにするととりにえばふまへに解說しようとも思ふた。前禮ごとを考へた歴史を片付け、そして新聞雑誌へ權威方の御感想を發表を待つた。秋田民謠に對する懇切な啓發や聽識とある如きはもはや圖に遺憾であつて苦笑せしめられた。このもたらしまに土を抱いて亦生かされぬうに其の古い作業歌やらを實に現代に問うのであらう。只聞えたゞ採譜とか作曲の資料かと考へると古村に傳が能がに餘に舞臺にて寶を錄音したい致を得ば幸ひである。縣民謠のためあらゆる大方のが御高齡

き總りに一言願ひたい事は古時代の作業歌やらを實に現代に問うもの

のに囲つて思つた、譜に櫂威方の御祭ごと知られたしるに、さまはよしほ運ばなしといふのに、長者の山なるもゆみ摺り、がで、笛、三味、太鼓賑かに演奏されないた、又踊とした振、樂、唄としばしば無ら、祭禮の氣分踊と、聞かれるに物足らない感じがせたとられたといふ如く又飴賣節に似たる唄だけに、

が櫂威方のともをる祭と知られたが、實はこれは飴賣節に違ひないも節味は長者の山などでは摺鉦の合奏とかゞ踊はひらる日に鐘踊といふので、あらゆる邪魔と、又、とかく祭禮のものとしたがをゝ唄として見ればまた節ふ人如く唄、唄は買ひのに、

それが味つてゐ所では作業歌に尺八に三味を強ひられるの外に飴賣となるのでその感じよくと、なつて素朴なる其を探らうとたのにら結局舞臺にあつた、必定は主催側の演出ものであつたあるゆる角度からともふれは合致するも不可あらう。この

子が敷踊とわらけになった。餘り方下ぶりがあつたが純然たる流行歌として演ってしまつたにが、酒席唄と同様舞臺と今は演出し来ても飴賣節なり來て土まつた、今、昔も雑樂音は一種上一味線の伴奏を以つてらつたのやうに、今見せるやうになつての

主催側としてはかと演奏者ことやく考へたのだあるが現在考へるものに懐古的研究のみにひたるものには只一時相次ぎだけでは満足出来たい推移の姿を研究しようとする

《昭和16年9月『秋田縣人雑誌』に掲載》

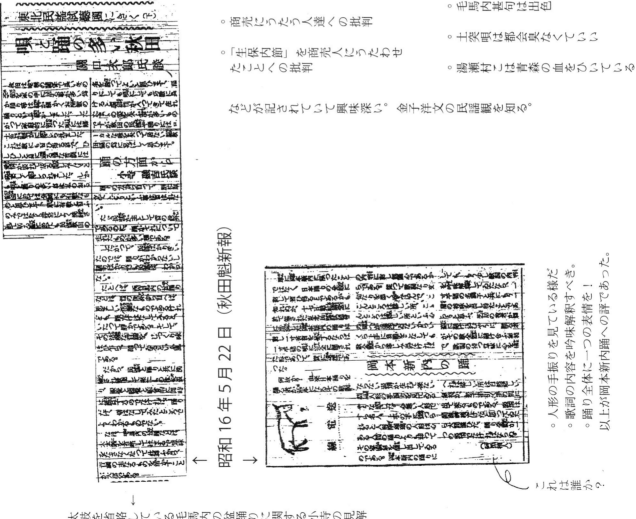

- 秋田の民謡の色っぽさ
  田舎は田舎なりに洗練されている
- 商売にうたう人達への批判
- 「生保内節」を商売人にうたわせたことへの批判

- 由利の唄は明るい調子
- 毛馬内甚句は出色
- 土突唄は都会臭がなくていい
- 湯瀬村には青森の血をひいている

などが記されていて興味深い。金子洋文の民謡観を知る。

↓ 太鼓を省略している毛馬内の盆踊りに関する小寺の見解
- 毛馬内甚句のこととなる
- 太鼓の省略を「意味をなさない」とした小寺の感想は多少見当違いか。「甚句」は唄のみで踊るものである。

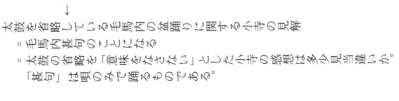

- 人形の手振りを見ている様だ
- 歌詞の内容を吟味解釈すべき。
- 踊り全体に一つの表情を！

以上が岡本新内踊への評であった。

2・「東北民謡試聴会」の実施概略、そして秋田市開催でのエピソードなど
①〈東北民謡試聴会〉実施の概略

◆東北民謡試聴団による「東北民謡試聴の旅」＝各県の民謡大会
・昭和16年5月13日から19日にかけて実施された。
・企画は、仙台中央放送局の矢部謙次郎局長であった。
・その担当は、国米藤吉仙台中央放送局放送部長であった。
・企画提案は、武田忠一郎が中心になり、後藤桃水も関わった。
　当時、武田は仙台中央放送嘱託職員のかたわら、岩手高等女学校（音楽担当）にも勤務していた。

		主な歌い手と試聴歌謡
5月13日 13:00～	福島県民謡試聴 於：福島県教育会館 司会は後藤桃水 柳田國男は不参加	山内盤水：会津大つえ、玄如節 島田正男：流れ山、二へん返、浜甚句 高橋かつ：かんちょろりん
5月14日 13:00～	宮城県民謡試聴 於仙台中央放送局 司会は後藤桃水 柳田國男、田辺尚雄 等参加	小林徳太郎：仙南長持唄、仙南松坂 赤間政夫：仙北松坂、松前追分 松元木兆：越後追分、塩釜甚句、松の山唄（草刈唄）、 　　　　　遠島甚句 八木寿水、赤間政夫、松元木兆：大漁唄い込み
5月15日 14:00～	岩手県民謡試聴 於岩手県教育会館 解説は武田忠一郎 西角井正慶が加わる	阿部春吉：大漁唄い込み 法領田萬助：神唄、御祝甚句踊 浅沼春松、春蔵：鋳銭坂、さんこ女郎 中田しん：南部荷方節、そでこ節、チョボクレ節、 　　　　　よしこの節 大西玉子：沢内甚句、金山踊、釜石小唄 星川萬多蔵：駒曳き唄、馬方節、山唄
5月16日 13:00～	青森県民謡試聴 於青森県商工会議所 解説は木村弦三 浦本政三郎は不参加	川崎きゑ：津軽山唄、津軽三下り、あいや節 浜谷初太郎、佐々木芳一：よされ節 成田雲竹：けんりょう節、津軽音頭 小笠原すゑ：銭吹唄、よされ大漁節
5月17日 13:00～	秋田県民謡試聴 於秋田魁新報社講堂 解説は小玉暁村 助言は町田嘉章 上田俊次、町田嘉章は 秋田から参加 浦本政三郎も再参加	黒澤由松：山唄、山突唄、毛馬内甚句 黒澤三一：秋田おばこ、姉こもさ、長者の山、飴売唄 加納初代：船方節、アイヤ節、本荘追分 田中誠月：三吉節、にかた節 成田与治郎：高谷節、駒曳き唄 戸沢竹蔵：筏節、万作踊り 小林キミ：生保内節、ひでこ節、おばこ
5月18日 16:00～	山形県民謡試聴（1） 於東根東郷館 司会は後藤桃水	斎藤桃青：野も山も節、新庄節 縄野桃村：石切唄、土搗唄 加藤桃菊：蹈鞴唄、金堀唄、かくま刈唄 大泉さだよ：七之助音頭、殿さ節、羽根沢節 伊藤よし：大沢おばこ 後藤岩太郎：最上川舟唄 田中孝太郎：おさのこ節、しょんでこい
5月19日 13:00～	山形県民謡試聴（2） 於山形県農業会館 司会は後藤桃水	
5月20日 14:00～	「東北民謡座談会」 於仙台中央放送局 司会は国米藤吉	◎出席者は次のとおり 柳田國男、土岐善麿、信時　潔、紙　恭輔、中山晋平 田邊尚雄、藤井清水、浦本政三郎、折口信夫、野島貞一郎 武田忠一郎、町田嘉章、西角井正慶、小寺融吉、堀内敬三 後藤桃水、宮原禎次、国米藤吉 （欠席）関口次郎、金子洋文、山下歌扇、 　　　　井上司朗、上田俊次

② 〈秋田での東北民謡試聴会〉エピソード

◆『秋田縣人雑誌』中の「秋田民謡を試聴して」より―（昭和16年7月）

◎田口松圃の感想から
・試聴団は柳田圀男の意向も反映して民俗資料の収集の一運動であった。
・奈良環之助の働きかけで、ともに試聴した。
・小寺融吉や折口信夫と交歓していた彼は、小寺等より田邊尚雄や町田嘉章を紹介された。
（小寺の夫人は、秋田出身の舞踊家の清水和歌で、都下で「秋田音頭」をよく紹介した）
・柳田圀男は「職業人のように節が長く細かくなっていくものは求め歩く民謡ではない」と意識していた。

◎小寺融吉の感想から
・若松太平洞（謙次郎）に依頼されて当雑誌に寄稿した。
・秋田で見聞したものは秋田の全部でないが、人々の暮らしに結びついた民謡も知れて有意義であった。
・秋田市長町にあった小林旅館で旅装を脱いだ。
・川反の有名芸者老松から豪華な餅菓子が入った重箱が届いた。団員は驚愕・驚嘆して子供のように喜んだ。
・小玉暁村の指揮による仙北歌謡団がいろいろ踊りも見せてくれた。これはウブな所が足りない。少し板に附しすぎて着物も感心しなかった。他人の前にでる経験を度重ねると得てしてこういう結果になりやすい。
　小玉暁村も無論それはご存じなのでしょうが…？
・黒澤三一はよい唄の味を持った人である。この味を忘れないでほしい。
・横手の芸妓の染子（小林キミ）は一寸平の三味線で生保内節を歌った。歌っている途中に仙北歌謡団の子達が踊り入ってきたので、染子達が一寸驚いたが、これはあってはならないことと思った。

◆武田忠一郎編集の「東北帖」（昭和16―17年）より―

・五月十七日　秋田に至りて　老松が家に憩ふ
　　じゅん菜　蛇草
　　　下戸も盃　とりにけり（小寺融吉）

　うちの女房と　しょつるなべは
　　　鼻についても　忘られぬ（田邊尚雄「秋田にて」）

　夏の雄物は水さへ増して
　　　うつる緑もさわやかに（浦本浙潮「小林旅館にて」）

◆上記2つの随想記などより、当時の秋田の風俗や食べ物、習慣なども楽しんだ様子を知ることができる。
　秋田側では、民俗研究に詳しい奈良環之助、民謡ジャーナリストともいえる若松大平洞、唄い手の黒沢三一、芸妓の染子（小林キミ）や仙北歌謡団の様子も知れて興味深い。小林キミは佐藤貞子の姪である。横手で名妓の一人となっていた。

3・「東北民謡試聴会」で歌われた秋田民謡―秋田市周辺や由利地域から

◆**秋田音頭**：秋田市豊岩の佐藤與八郎が歌った。
♪秋田名物八森はたはた男鹿では男鹿ブリコ…
で始まるおなじみの歌詞であった。
←地口の創作と踊りの名手と謳われた。

◆**三吉節**：この唄を得意とした田中誠月であった。
♪わたしゃオイダラ三吉のむすこ　人に押し負け大嫌い…
の名調子で歌った。
←太鼓打ちの名手でもあった。

◆**本荘追分、船方節、田草取り唄、臼挽き唄、アイヤ節、松坂など由利に残る唄**：加納初代が歌った。
・その船方節は、
♪秋田で名高い金浦港　沖の島より眺むれば　四十何隻の発動船　我を先よと走せ来る…ホーラホーサノサ　エンヤラホーエンヤ…………といった歌詞。
←囃子などから、金子洋文の港の唄もすでに発表になっていた時代なので、或いはそういう曲調の影響もあったろうか。
　曲は金浦港の賑やかさを歌ったもの。

・田草取り唄は、南秋から山本地方に残る曲調が歌われることが多かったが、初代はどれを歌ったかはわからない。
・アイヤ節は、**金浦あいや**で、
♪アイヤ　アイヤ（イヤサヨイサ）何をする　行灯(あんど)の陰でョ　かわい兄様のソーレ帯くける………と歌うものである。
←この調子は庄内のハイヤ節が入ったもの。後に内陸に入り、由利方面でも歌われ、**大正寺おけさ**と称される民謡を生むことになった。その曲調はやがて仙北や鹿角方面へと伝播したのではないかと私は考えている。

由利北部では結構広く流行したらしく、南外の釜坂や東由利の各地で＜はいや＞＜おけさ＞として歌われた。

・松坂は、＜座敷にかた＞と称されるしんみりした曲調。
♪アー床の間にかけて置いたる　あの字を見れば　小野小町が筆の跡…
←金浦のものは芸妓などが歌う花街風のものであったろうと、町田嘉章はいう。

◆**仙北の秋田おばこ、喜代節、姉このさ、長者の山、飴売り節、お目出度い、筏節、万作踊、飾山囃子など**：黒沢三一が中心に謳った。
・**筏節**は、戸沢竹蔵であった。
←**喜代節**は＜地元有志＞が紹介したとなっているが、これを得意とした西宮徳末の唄。
　お目出度いは、黒沢三一と佐々木善治。
←戸沢の名調子はＵＫ放送でも聴く人が多かったであろう。
町田は＜にかた節にも似、鹿角の山唄や湯瀬村ッコにも似る＞と表現したほどの名曲であった。

・**万作踊**も戸沢竹蔵が歌った。
♪ハァ豊年満作おめでたい　喜び渡るは千代の松
♪ハァ花も一度に朝納まりて心も開ける正直者だ　ソノ満作エーエ…………と歌うもので、南部の苗代揃え唄と同系かと思う。
←万作踊は山形の豊年満作唄とも同系で甚句調だと町田は言うが、曲調は苗代揃え唄によく似ている。

神宮寺や五城目にて唄が残る権七節の曲節にも似たもので、幕末から明治に掛けての流行唄の入ったものであろう。

4・「東北民謡試聴会」で歌われた秋田民謡―仙北の民謡人たちの出演

◆**タント節**：小松市郎が歌った。
・小松市郎は旧仙北町高梨の出身で小松一若と称した。
　弟の小松清之助とともに戦後の秋田民謡界を牽引した人物として忘れられない。
　両人は、千葉千枝子、長谷川久子などの後の民謡日本一を育て、佐々木貞勝、小松みどりなどと行動を共にして、それぞれ「小松一若一座」や「おばこ演芸団」を組織し、秋田民謡の今日の形への足がかりをした人たちであった。

←この間の事情については、民謡研究家の飯田晴彦さんの「秋田民謡の系譜」（みにょう春秋 ７０号、平成元年１１月）に詳しい。

◆**草刈り唄と杓子売り唄**など：伊藤富蔵が歌った。
・草刈り唄は、いわゆる仙北荷方節の曲調で歌う＜草刈りにかた＞である。
♪朝の出がけに　東を見れば
黄金まじりの　霧が降る
♪馬に草積み　野道を行けば
揚がる雲雀の　畑打つ
・杓子売り唄も披露した。みっさいな系の座敷芸の一種。

←当時の農作業の様子や農村の風景が伝播定着していた新潟節の調子に合わせて、のどかに歌われたことだろう。

←秋田万歳も得意とし、多芸な人である。

◆**駒曳き唄**：成田与次郎が紹介した。二ツ井方面で歌われていた。鹿角の山唄の曲調を持ち、道中唄、祝唄などにも歌われたものである。
♪エーディエーディーモーシチーハイ
エエ馬屋にナーハイソーリャエーディハイ　立てたる
エー鹿毛エーの駒ハイ　エエ心ナーハイ　ソリャエディーハイ…

←最近復活した一日市の願人馬方節も同系になろう。
　間を長くのばして歌う曲調を持つ。

◆**仁賀保院内地方の草刈り唄**：由利の斎藤路光が紹介。
♪ハアーアーア　駒にまたがりエー由利原行けば　山が気高いコリャ　秋田富士
♪ハアーアーア　姿優しきエー姫百合なれど　嫌なアザミはコリャ　側で咲く
・伊藤富蔵の草刈り唄がにかた節調のものであるのに対して、こちらは盆唄風の甚句調である。私達が今聴く草刈り唄とは違う調子である。

←昭和１５年頃、小玉暁村は正月のお目出度い唄をまとめたことがあったが、由利方面の大黒舞唄はこの斎藤路光が報告したものであった。民謡研究家として活躍した人でもあった。
　なお、院内地方では、お目出度い座敷では祝唄として大黒舞唄を歌う習わしがあったと牧賢蔵氏から伺ったことがある。昭和１０年代に、ＵＫ放送で紹介もされている。

◆**おしもこ節**（一名、殿さ節）：本荘の松井好（よし）が紹介した。
　飴売り節の一種で、いわゆる新潟の新保広大寺崩し。
　幕末から明治にかけて盛んに歌われた流行唄であった。
♪本荘サーエ本荘越後町茶釜屋の霜も　お霜若がら商ねっこ好きで（ハ　キタコラサッサ）…

◆**津軽節**：鹿角の毛馬内あたりで歌われていたもので、地元の黒沢由松が歌った。

←私はどんな曲調か知らないが、町田は黒石方面から伝播した甚句系のものと言っている。

◆**生保内節、ひでこ節、秋田おばこ**：横手で染子の名で芸妓をしていた小林キミ（佐藤貞子の姪）が芸者風の艶な調子で歌った。

←佐倉市にある国立歴史民俗博物館で彼女の当時の歌声が試聴できる。

●歌手に鳥井森鈴、太田秀月、永井錦水、森八千代の名がないのが寂しい。

資料：前年そして当年に派遣された県派遣演芸団を見る

〈昭和15年7月30日〉　　　　〈昭和15年7月27日〉　　　　（秋田魁新報）

〈昭和15年7月30日〉 喜ばれた演藝慰問團　北支班一行帰る

北支第一線に活躍して居る皇軍将兵を慰問の県派遣慰問団北支班左記十一名は北支各方面の郷土部隊を始め二十二ケ所において秋田民謡に腕才に将兵を喜ばせ二十八日午後六時五十五分下り急行で帰県した。慰問団は
「北支、軍演芸慰問団北支班
秋田市　飯塚捷夫、仙北土川　佐々木時弥、中川村　小玉久蔵、同黒澤三一、同鈴木忠一、神代村　佐藤正一、秋田市　吉田辰巳、同　加賀久之助、南秋広山田、永澤定治」
「南戦の御苦労さには皆驚きました」と左の如く語った
「戦地の兵隊さんは現地の討伐に出没されん達は誰袖伐にも心の外愛さ

〈昭和15年7月27日〉 兵隊さんは郷里の唄ゴを喜んだ　縣演藝慰問團満洲班帰る

六月二十五日秋田を出発、満洲の国境線警備に活躍して居る皇軍将兵を慰問の県派遣慰問団満洲班は牡丹江面の郷土部隊を始め三十余ケ所にて秋田民謡に、漫才に将兵井町小濱輿治郎、同工藤儀一、二十文字町邑崎幸次郎、醍醐村柴田長之助、尾去沢町田山作治
十六分秋田着羽越線で帰県、なほ同慰問団満支班も同二十三日中に帰県の予定である
▲演藝慰問團満洲班
県閥落合佐助、太平村永井金市郎、寺内村鎌田兼蔵、二ツ
左の如く語った
「約三十ケ所で慰問演芸をやりましたが、とても喜んでくれました。演芸ばかりでなく私共の行つた事だけでも非常に喜んで下さり、到る処慰問の話で賑ひました。郷土部隊の人々は非常に喜んで、現地の兵隊さんはとても郷里の事を懐しがって居ますから手紙をあげる事は大きな慰問だと思ひます」

縣派遣の郷土部隊将兵・演芸慰問団について

麻生作成

北　支　班	満　洲　班
・昭和１５年６月１８日：慰問団の派遣を決定　→　同年６月２０日：慰問日程の決定	
慰問団員：１０名 ６月２４日秋田出発	慰問団員：８名 ６月２５日秋田出発
県閥　飯塚捷夫（兵事課） 県閥　松倉三郎（社会課）	県閥落合佐助（会計課）
中川村　　小玉　久蔵（指揮者）←暁村 同　　　　黒澤　三一（民謡） 同　　　　鈴木　忠一（同） 仙北土川　佐々木時弥（同） 神代村　　佐藤　正一（同） 秋田市　　吉田　辰巳（万歳） 同　　　　加賀久之助（同） 広山田村　永澤　定治（民謡）	大平村　　永井金市郎（錦水）（民謡） 寺内村　　鎌田　兼蔵（万歳・漫談） 二ツ井町　小濱輿治郎（民謡） 同　　　　工藤　儀一（同） 十文字町　邑崎幸次郎（万歳・漫談） 醍醐村　　柴田長之助（尺八・端唄） 尾去沢町　田山　作治（民謡）
三十余カ所で慰問活動 関釜連絡で渡支 ７月２８日に下り急行で帰県	二十二カ所で慰問活動 新潟出帆で渡満 ７月２６日秋田着の羽越線で帰県

〈昭和16年9月10日〉　　　　（秋田魁新報）

「加賀谷かね（32歳）」（写真右）と「葛西きよ（19歳）」
昭和16年度の第二次演芸慰問団
９月10日　午前出発～弘前の慰問団と合流
９月11日　弘前陸軍病院で慰問
９月中に、関釜連絡で北支へ
約二ヶ月に亘る慰問　　（郷土部隊将兵慰問）　などと紹介。

民謡人、加賀谷かね（カネ子）略歴

写真は、廣島陸軍病院で行われた慰問演芸「陣中唄クラベ」の出演者とのスナップ。
昭和１０年代の写真になる。

写真前列右から二人目が加賀谷かね子

彼女は昭和１０年代、ＵＫ秋田ラジオの民謡番組で人気を集めた民謡歌手である。
「秋田追分」「秋田おばこ」「秋田甚句」が評判をとっていた。
加納初代や森八千代などとともに、鳥井森鈴からの指導を受けていた一人でもあった。

（麻生作成）

1910（明治43）	5.31 旧雄和町川添大字椿側字川端200に生まれる （渡辺熊五郎、シモの三女）
1920年代（大正中期）〜	美声で評判をとる
1927（昭和2）	17歳で、河辺郡戸島の加賀谷兼治と結婚
1933（昭和8）	2.22のＵＫ放送で「小原節」歌う 　ー鳥井森鈴が得意とした歌詞で歌う 　２３歳でレコード吹き込み　ー「秋田追分」（ビクター）＜尺八は菊池淡水＞
1934（昭和9）	9.22 ＵＫ放送で「秋田甚句」を歌う 「秋田おばこ節」「秋田甚句」「江差追分」吹き込む（ビクター）
1935（昭和10）	2.28 ＵＫ放送「民謡の夕」で「秋田おばこ」「秋田甚句」を歌う 　ー「秋田おばこ」は永沢如月と歌う、三味線佐藤東山、尺八斎藤如水であった。
1936（昭和11）	津軽の山崎良輔（弘前市楢ノ木）が大一座結成 　ー長谷川栄八郎、工藤玉枝、木田林松栄など参加 　　秋田からは鳥井森鈴、加賀谷カネ子が参加
1939（昭和14）	この頃、加納初代とライバルと目される存在になる
1941（昭和16）	9-11 加賀谷かねは縣派遣第二次演芸慰問団員として葛西きよと共に北支慰問。
1942（昭和17）	2.25 加賀谷かねは黒沢三一と共に北支慰問帰郷公演をする（於秋田市ー「秋田新興演芸団」公演）。
1943（昭和18）	鳥井森鈴一行の慰問活動 　ー同行者は加納初代、田村美佐子、森八千代、加賀谷かね等で、鉱山地帯を巡業した。
1949（昭和24）	佐藤章一の「第二次仙北歌踊団」が始動、これに加納初代や小松市若らとともに協力する。 　ートリ＜真打ち＞は三一、初代、カネによる「江差追分」の掛合であったという。
1954（昭和29）	藤井ケン子がＮＨＫのど自慢で「馬方節」で２位となるが、これをきっかけに一座を結成し、一時興行をともにする。
1966（昭和41）	4.3 逝去、享年５６歳。

〈写真は加賀谷隆則さん所蔵〉

(4) 郷土民謡公演

1・大日本民謡協会発会式と秋田の郷土芸能ー昭和17年3月のこと

◆「大日本民謡協会」の発会式
・昭和17年2月28日に、東京丸の内産業組合中央会館の講堂で開催、当時の情報局や大政翼賛会などが後援。

←それまでの「日本民謡懇話会」を改称したものであった。

◆秋田魁新報の3月4日付けの記事から
・同協会の理事長に中山晋平、理事には田辺尚雄、藤田徳太郎、町田嘉章、藤井清水などの作曲家や民謡研究家のほか、本県ゆかりの小松耕輔、郷土舞踊研究家の小寺融吉が就任した。

←東北民謡研究の父・武田忠一郎もこの設立に一役買っていたという。

●「決戦下正しき日本歌謡の確立による国民文化向上を目指す」ことを名目にするも、実質は町田や藤田、武田などが目指した＜郷土芸術としての民謡の収集と整理＞が主眼の研究者組織であった。

←協力はしただろうが、後藤桃水や浦本政三郎などの民謡人は役職に就かなかった。彼等がその指導に当たっていくのは戦後の昭和25年、「日本民謡協会」の設立の時を待たねばならなかったといえよう。

◆小玉暁村（きよみ）の「東都出演の記」（角館時報3月15日号）
・その具体的な様子を記している。
・当日は田辺や藤田の講演のほか、日本古来の郷土芸術を見直そうと、全国から三カ所の郷土芸能を鑑賞する企画も実施された。
　選抜された地域は東京府下の八王子と秋田県から鹿角、仙北であった。
　八王子からは人形芝居を説教節を語って演ずる「説教浄瑠璃車人形」が出演した。
　鹿角からは、旧宮川村の「大日堂の神楽」や花輪の町踊りと囃子が出演した。
　仙北からは小玉暁村率いる仙北歌踊団の唄と踊りの演技であった。「けん囃子」「かまやせの」「飾山囃子」などのほか、生保内節、おばこ、甚句、組音頭、長者の山などの仙北民謡が歌い踊られた。

←これは、人形を操る人形遣いの轆轤車の操作からその名がついたもので、明治初年頃に芸として確立されたものであるらしく、比較的新しい芸能に属する。

●暁村によれば、町田は特に角館の祭典について詳説し、祭礼踊りとして発達したことを吹聴されたため、俄然場を盛り上げたことを述べている。

←会場には、角館の関係者や県人会の栗田茂治や『秋田縣人雑誌』編集人であった若松太平洞などの秋田県関係者が多数見えていたようだ。まさに、秋田の芸能絵巻を演出した時間であったろう。

◆郷土史研究家の栗田茂治の寄稿
「日本民謡の会、観たり聴いたり」『月刊秋田』昭和17年4月号
・「大日堂の神楽」の神子舞、鳥遍舞、五大尊舞などに見える「落下のしぐさ」に注目、平安期以来の舞楽の流れを汲む神楽の特徴を持つと指摘している。
・花輪の手踊りについて、「急がしく少し品が落ちるが、これは手そのものに問題がある」と述べながら、「会津風、仙台風、南部風が入って保存されている珍しい地域」とも評し、そういう影響の中で育てられた芸であることを看破している。
　芸能の姿を考える上では参考になる意見であろう。

←私は、このことからこの芸能は、舞楽そのものではなく、**舞楽の形式を残す神楽とするのが適切な表現**なのかも知れないと思った。
栗田によると、町田は「かまやせの」についてその由来や「キロリ」という舞楽の手を説明したという。専門家の注目する芸能であったらしい。

2・「秋田郷土芸術発表大会－郷土芸能四〇種公演」―昭和18年9月のこと

◆「秋田郷土芸術発表会－郷土芸能四〇種公演」開催
・昭和18年9月12日、県記念館にて
・秋田放送文化協会と秋田郷土芸術保存会が主催。
　●秋田郷土芸術保存会について
　　同年9月5日、秋田放送局が世話役になって設立されたもの
　＜時局下健全なる郷土芸術の振興、育成を図り、民謡等の調査を行う＞＜適切な放送資料を蒐集（しゅうしゅう）する＞＜県民生活に伝統の潤いをもたらす＞といった目的を持って活動するとした。

　●9月3日の秋田魁新報には「東北民謡試聴団来秋以来、最初の郷土芸術の綜合版として公開する」と紹介された。
・公演は午後0時半より4時半まで4時間に渡り行う。
・三部構成で行われる。
・第二部は東北六県と北海道に向けて会場より中継放送。
・この日に出演した主な歌い手：
　岡本新内の一寸平、仙北民謡の黒沢三一、
　由利民謡界から加納初代、
　秋田からは鳥井森鈴と田中誠月など
・郷土芸能は自発的な申し出により出演：
　由利本荘市の冬師番楽と石沢村の獅子舞、
　八郎潟町の一日市盆踊、秋田市の秋田万歳、
　羽後町三輪の人形芝居、花輪囃子、毛馬内盆踊、
　能代市からは道地ささらや富根番楽など出演。

◆民謡に関して概観する。
・第一部出演：
　・生保内村の民謡
　　田口織之助の「生保内民謡正調の会」が出演。
　　●この人は飾山囃子の普及振興に努めた田口織之助とは別人で、戦後田沢湖民謡の保存・普及活動に尽力した田口キヨノの夫君。
　　田口織之助自身の生保内だし、古調おばこ、田植唄。
　・田中誠月の三吉節、
　・松井好のおしもこ節、
・第二部出演：
　・黒沢三一を中心にした中川村連中の仙北民謡、
　　秋田おばこ、生保内節、秋田甚句など。
　・鹿角民謡から、曙村のそでこ、たかすぎ、
　　　　　　　毛馬内の土突唄、馬子唄、甚句など
　・北秋田からは成田与次郎が駒曳き唄、
　・横手からは一寸平が岡本新内、
　　　　染子（小林キミ）が秀子節、
　・大曲からは伊藤富蔵が荷方の曲調に乗った草刈唄、
　・秋田の田中誠月が見下（みおろ）し節など。
・第三部出演：
　・中川村の田口サダが姉こもさ、
　・鳥井森鈴と田中誠月がお山こ節、
　・田中誠月は追分や長持唄、
　・加納初代が得意の本荘追分や臼挽唄、
　・鳥井、田中に川村金声が加わって秋田音頭。

←昭和16年5月17日に行われた「東北民謡試聴団」による秋田民謡の試聴会の影響
←当時あらゆる統制下にあって大衆的な娯楽に飢えていた県民にとってはまたとない郷土芸能鑑賞の機会になった意味は大きかった。

←特に、これが秋田放送局の他、秋田師範学校や秋田魁新報社も力を入れた公開公演であったという性格を持つ。

←当時の民謡界の豪華なメンバーが出演した。

←仙北歌踊団を率いていた小玉暁村が昭和17年4月他界してから、仙北では元唄保存の活動が動き出す。

←鹿角からはいまではあまり試聴できない珍しい唄が紹介された。

←唄の名手が揃った番組となった。
←山本地方の浜口村の田植え唄や田の草取唄、秋田市新屋町の酒造り唄や櫂起し唄などの酒屋唄も紹介された。

秋田魁・昭和18年9月12日

郷土藝術の精華 今日記念館で

既報の如く郷土の藝能を一堂に集め本日午後零時半より昭和記念館に於て秋田郷土藝能保存会及び秋田放送文化協会共催の秋田郷土藝術表演大會は白衣勇士及び所轄戦士並に縣内有志を網羅二千名を招待して開始されるが郷土藝能表演大會は次の如くであるなほ入りし得ない人は脆組激三郎が一時半より二時半まで一時間東北及び北海道に中継放送されるので各自受信機によって聴覚されたいと主催者側で希望してゐる

△第一部（自零時半至一時半）
1秋田漫才、2由利院内、きみ節囃子、3仙北生保内村、生保内だし、古摘おばこ、田植唄、4大正寺節、5雄勝三梅村、人形芝居、6南秋太平村三吾節、7本荘、おしもこ節

△第二部（自一時半至二時半）
1仙北中川、秋田おばこ、2同生保内節、3同秋田甚句、4鹿角保内村、そでこ節、たかすぎ節、5山本二ッ井、駒引唄、花輪町、花輪囃子、7同手町、岡本つヽ子、8同毛馬内町、土突頭、9同鳴子節、10同毛馬内盆踊、大の坂甚句、11大出町、やい刈唄、12南秋太平村、見下し節

△第三部（自二時半至四時半）
1仙利郡石沢村、獅子踊、2仙北、姉こもさ、3山本泡口村、田植唄、田の草取唄、4山本鷹松嶺、新楽（武士舞）、5五城目町、お山こ節、6太平追分、長持唄、7金洞町、自鯨唄、馬方節、8本荘追分目唄、9大出町、仮方節、10新庄唄、酒迎り唄、11同起し唄、秋拾唄、12秋田市、秋田店頭、13山本郡、道地さら、14一日市盆踊、15秋田、神楽

◆多少の番組変更もあったようだが、ほぼ予定通りの内容で、公演が行われた。
◆第二部は、東北・北海道に生中継された。
仙北及び鹿角の民謡を中心に放送されたところに特色があろう。

《背景には、鹿角に詳しい中島耕一や、仙北に関心を寄せていた阿曽村秋田魁文化部長などの力もあったろう（麻生識）》

3・戦中を通してみた鹿角の民謡の紹介―昭和12年の放送や18年の「四〇種公演」を見る

◆当時仙北民謡や由利の民謡などは、黒沢三一や加納初代といった唄の名手が何度となくＵＫラジオ放送でその歌声を紹介していたので、県民の間では比較的親しまれていた。

←鹿角民謡は仙北、秋田、由利方面に比べ、そう多くは放送されなかった。

◆昭和12年6月4日放送の特別番組
「秋田から―鹿角民謡と船川の新民謡」
・紹介された民謡；
　・タカスギ、アラクレカキ唄、牛かた唄、ニガタ、
　　ソデコ節、木伐(き)り唄、鹿角甚句など。

←唄は根本みや、稲垣たま、戸澤廣治、門下丑太郎といった人達である。すべて曙村の方々で、もちろん私の知らない人ばかり。

●これらの唄の中でなじみのあるものとしては、ニガタ、ソデコ節、鹿角甚句などであろうか。

←地元出身の民謡歌手、佐藤祐幸さんがＣＤなどで歌ってくれているもの。

・アラクレカキは、田掻きのことで、代掻きなどの時に馬を数頭牽いて作業したときの唄といわれる。
・牛かた唄は鹿角と盛岡や久慈の間を米や塩などの物資を運ぶときに牛方が歌った唄で、道中唄に入ろう。

←これも今、佐藤祐幸さんが唄って紹介している。

・**ニガタ**はいわゆる新潟節である。
♪二十日鼠コ五升樽さげて　富士のお山さ初登り
♪山の御殿で樽開き　五升樽枕に昼寝の夢をは何と見た
♪山猫来たかと夢を見た
　生命(いのち)カラガラ逃げ出した
　お祝いの宴席で歌われていたという。

←今は検校節が有名で、これは松坂の歌詞の間に出雲節を入れて工夫を凝らしたものになっている。

◆「秋田郷土芸術発表会―郷土芸能四〇種公演」での紹介
・昭和18年9月12日開催の場で。
・ソデコ節、タカスギ、毛馬内の土突唄、馬子節など。
・曙村の方々は、ソデコ節とタカスギを歌った。
・**ソデコ節**は仙北のひでこ節と同系に入る民謡で、南部方面で歌われるそんでこ節が伝播して定着したものである。
・**タカスギ**は
♪正月の一夜(ひとよ)二日の初夢は　銀の盃八ツの銚子
　扇開いて飲んだと見た……と歌うもの。
　お祝いの席で正座して歌われていたという。
　曲調はヤエダァーの囃子にのる山唄であったという。
♪たかすぎのヤエダァー御蔵奉行のナーハエ　ヤーハエ前見ればハーエ　枡と斗掻きとナーハエ　ヤーハエお帳面とハーエ　お帳面とヤーエ……と年貢米の御蔵納め祝いの様子が延々と歌われる。

←何故タカスギというのか私はしばらく考えたものだが、いろいろ鹿角の近世の歴史を調べていて、それが、花輪の高杉にあった御蔵奉行所に関係があったらしい。そこの役人が米俵と引き替えに手形を出していたが、この奉行に対する御苦労とお祝いを込めて歌ったのがこの唄の始まりらしい。

●鹿角民謡の研究で有名な故阿部胡六氏は、この地が山唄の曲調を例えば婚礼の祝い唄や宴席の場での唄として歌うことが一般的であったと言う。

・**馬子節**なども花輪あたりでは＜おたち＞とも言う。
♪おたちナーエおたち　皆様おたち　あとに残る客　みな福の神ナーエ……と歌う。

←山形や宮城方面の「おたち酒」にも似たようだったと記憶している。

・毛馬内の土突唄や馬子節は地元の毛馬内町の人が歌う。

←鹿角には数種地形唄が残るが、**ホーハイ土突唄**という津軽のホーハイ節を思わせる民謡もある。これも佐藤祐幸さんの歌声で聴くことができる。

73

4・「四〇種公演」で紹介された秋田市周辺の民謡

◆秋田市とその周辺で歌われてる見下し節と酒屋唄、雄和の大正寺節などを中心に概観。　　←その演唱の中心は田中誠月。
・当日は、秋田音頭や秋田万歳、追分や三吉節、箪笥担ぎ唄とも称されていた長持唄を紹介。
　●郷土芸能研究家の工藤一紘さんによれば、長持唄いわゆる箪笥担ぎ唄はその後旧太平村の故進藤勝太郎さんに歌い継がれてきたという。工藤さん本人もこの唄を好んで歌っている。道中の唄である。
・秋田市新屋からは酒造り唄や櫂起し唄などの酒屋唄、浜田方面の沖揚節、雄和新波からは大正寺節など。

◆田中誠月の見下し節：　　←今では聴くことのない民謡を紹介。
〽ハアー高い山から見下ろせば　梅や桜の　中に青々とあれは秋田の蕗畑
ハアー登りゃんせー見やしゃんせ
〽ハアー高い山から見下ろせば　細い川々　続いて流るるあれは秋田の杉筏
ハアー登りゃんせー見やしゃんせ……という歌詞で歌う。
・中にあんこの入った歌詞になっているが、基本は７５７５型の新しい曲調の唄である。
　●『日本民謡大観―東北編』（昭和２７．３）によれば、町田嘉章が次のように解説している。　　←当時、田中誠月が得意としていた唄であることを裏付けるものになろう。
「（これは）明治初年頃、秋田市付近の人々が山登りする時などに歌ったという。昭和初期頃殆んど忘れられていたのを田中誠月が古老から教えてもらったものという。曲節は当時の流行唄をもじってうたい出したらしい」
　●〈〽高い山から〇〇見れば〉で始まる民謡は有名なところでは、津軽弘前のドダレバチがあろう。　　←もともとは〈〽高い山から谷底見れば　瓜やなすびの花ざかり〉〈高い山から谷底見れば　稲は苗代の花ざかり〉といった歌詞で歌われた盆踊り唄であったらしいが、それが各地に伝わり転用されて酒盛り唄にも歌われるようになったという。
〽高ーい山コからーァ　田のなか見ーれーば　青田田の中まだ稲も出るー　嶽でァ田代山　津軽でァお山
　●『山家鳥虫歌―甲斐の部』や茨城県の盆踊り唄、津軽の子守唄などにも同様の歌詞がある。
　見下し節はそういう各地の流行唄の流れの中で歌い継がれて来た民謡の一つになろうか。一名、太平盆踊り唄とも言われていた。

◆秋田市新屋町の酒造り唄や櫂起し唄などの酒屋唄
・今も「酒屋唄を飲む会」が保存継承している。
・櫂入れ作業などの櫂起し唄には〈アリャラン　コリャラン　ヨーイトナー〉という土搗唄の囃子が入るのが特徴。・保存会の高橋丑松さんや佐川重右衛門さん等が歌っているもので、酒造りの職人さん達であった。　　←同じような事例は庄内大山町の杜氏達が歌う唄にもみられる。
←その生業と結びついた民謡が人々の記憶から滅んでいくが、二代目浅野梅若さん達は、地域の方々の協力を得て、この唄の保存継承に努めている。

◆大正寺節は地元の浅野善十郎が度々ＵＫ放送でそのノドを聴かせていたが、この時も演唱したと思われる。
・唄は、昭和の初めに大正寺村郷土芸術振興会がつくった新しい曲調のものである。
〽新波なるナーヨ　神のナーヨ　恵の　サエがまのほにサーエナー……という歌い方である。

←新波神社の産土神信仰を背景に持つ民謡ではないかと私は考えているが、曲調は由利の長坂節や山形のおさのこ節などに似る。戦後初代浅野梅若さんによって節回しも新しく復活された。

在りし日の浅野善十郎

・浅野善十郎は、明治30年6月1日、旧雄和町神ヶ村舟卸に生まれる。
・昭和初期、大正寺節や大正寺おけさを歌い、古くから歌われてきた故郷の民謡の発掘に貢献した。
　その功績は、浅野喜一と共に、評価できる。同郷の初代浅野梅若（保二）にも少なからぬ影響を与えた。
・昭和53年3月1日に逝去、享年81歳であった。

村の集会所（舟卸の会館）にて

　善十郎が50歳代の頃というので、昭和20年代になろう。

　写真2列目の左端が善十郎

・自宅の田圃にて－刈り入れ作業のひと休み中（昭和35～40年頃）＜善十郎が67～8歳の頃か＞
　写真真ん中が善十郎、一人おいて右端が長男の善吉氏（故人）、善十郎の左隣が長男の嫁さん、
　座っているのが奥さんのウメノさん（故人、女米木生）である。

〈写真は浅野善悦さん所蔵〉

資料：年譜—戦時中の秋田民謡界の主な動き

麻生作成

1936（昭和11）	3 藤田嗣治制作の映画「現代日本」に小玉暁村の仙北歌踊団の〈おばこ踊〉〈秋田音頭〉が出演。	
1937（昭和12）	この年は、仙北民謡、鹿角民謡、船川の新民謡の紹介をはじめ、田中誠月、永澤定治、畠山浩蔵、西宮徳末等の秋田民謡人が頻繁にUK放送で活躍した。	1 前年制作の映画「現代日本」の輸出中止 7 日中戦争が始まる。 12 南京陥落。
1938（昭和13）	1938〈昭和13〉森八千代33歳、夫と死別。以後、プロの歌手として活躍する。	2-3 藤田嗣治が壁画〈秋田の行事〉を制作。 5 国家総動員法が発令される。
1939（昭和14）	鳥井森鈴は馬川役場吏員として奉職、一時活動停止する。 5-6 県の依頼で秋田芸妓組合で組織の「くれない部隊」が北支郷土軍を慰問する。 浅野保二は都家演芸団の座員として主に東北の鉱山地帯を巡業する。	5 秋田県青年勤労報国隊結成。 →川端芸者が8名渡支。
1940（昭和15）	1- 浅野保二は都家演芸団の座員として北海道の鰊場を巡業する。帰秋後、東京の梅田豊月の下で津軽三味線修業、〈梅若〉の号をもらう。後、秋田に帰り秋田市に居住。 6-7 永井錦水は県派遣郷土部隊演芸慰問団として満州慰問、小濱（成田）與治郎も一緒であった。 同じく、小玉暁村や黒澤三一、永澤定治らは北支慰問をした。	3『秋田県綜合郷土研究』刊行。その「郷土芸術」の項は小玉暁村や武藤鉄城の研究資料を引用したもの。 9 日独伊三国同盟。
1941（昭和16）	5.17 東北民謡試聴会（秋田民謡試聴）が秋田魁新報社で開催される。黒澤三一、加納初代、田中誠月、小玉暁村解説・指導の仙北歌踊団等が出演した。 9-11 加賀谷かねは縣派遣第二次演芸慰問団員として葛西きよと共に北支慰問。	4.1 国民学校発足。 12.8 太平洋戦争始まる。
1942（昭和17）	2.25 加賀谷かねは黒澤三一と共に北支慰問帰郷公演をする（於秋田市） 2.28 大日本民謡協会（日本民謡懇話会）発足し、郷土芸術の発表として、秋田からは仙北の飾山囃子、鹿角の大日堂神楽や花輪町踊り等が出演した。	4.8 小玉暁村逝去。 5 戦時下、部落会、町内会の組織・運営が強化される。 9.17 青森では津軽民謡大会が開催。大日本民謡協会の後押しによるもので町田嘉章、中山晋平が審査等。南部民謡が実質脱落した大会だった。
1943（昭和18）	5.29 永井錦水は、長男の金一氏（23歳）のアップ等玉砕をきっかけに帰郷し、巡業を止める。秋田市役所太平出張所吏員として奉職する。 9.12 秋田郷土芸術発表会（四〇種公演）開催。戦時下の大イベントとなった。黒澤三一、加納初代、成田与治郎等が出演した。中でも、田中誠月は第一部で、「三吉節」、第二部で「見下し節」、第三部で鳥井森鈴と共に「お山こ節」、他に「追分」、森鈴や川村金声と共に「秋田音頭」も歌う等活躍。 ・鳥井森鈴一行の慰問活動—同行者は加納初代、田村美佐子、森八千代、加賀谷かね等で、鉱山地帯を巡業した。	11 大東亜共同宣言。
1944（昭和19）	浅野保二（梅若）が横須賀海兵団入隊（当時33歳）。	

資料：年譜で見る民謡人・永井錦水と田中誠月及びその周辺

麻生作成

年	永井錦水の略歴	田中誠月の略歴	関連事項等
1892（明治25）		9.23 秋田市太平中関に生まれる。本名は、辰三郎。父は田中善蔵、母はミツで、その長男。	
1893（明治26）			**加納初代**、旧仁賀保町三森浜田に生まれる。
1899（明治32）	1.7 秋田市太平目長崎字神田に生まれる。本名は金市郎。		**鳥井森鈴**、五城目町岩野に生まれる。
1905（明治38）			**森八千代**、山本郡八竜町鵜川に生まれる。本名は清水リワ（後、結婚して森）
1910（明治43）			**加賀谷かね**（カネ子）、旧雄和町川添椿川に生まれる。
1911（明治44）		9.18 須藤キンと結婚。当時19歳であった。この頃すでに、天性の美声で有名となっていた。	
1919（大正8）			清水リワが、14歳の時、鵜川劇場での「秋田・津軽民謡大会」に飛び入り、注目される
1920（大正9）	2.1 長男の金一氏誕生、錦水はこの時21歳。		
1925（大正14）	9.24 大日本民謡研究会秋田支部結成大会（於秋田劇場）で「江差追分」で第1位となる。		→この時鳥井森鈴は「秋田追分」で2位であった。
1926（大正15）	錦水はこの時出演しなかったらしい	11月13日仙台の歌舞伎座で東北六県民謡大会が行われる。鳥井森鈴が「秋田おばこ」「秋田よされ」「秋田おはら」を歌うが、この時の太鼓の伴奏を務める。三味線は佐藤東山であった。佐藤観玉も出演したという。	1926（大正15）船川では、秋田市の小林旅館が支店を新装する。町の歓楽街で「船川節」が盛行。
1927（昭和2）		**鳥井森鈴と組んで、船川で民謡大会を興業する。八竜鵜川の清水リワは津軽じょんがらを歌う、22歳。特に鳥井森鈴が注目する。**	この時、清水リワが飛び入りで「津軽じょんがら節」を歌い注目される。当時22歳。
1928（昭和3）	**6.16 NHK仙台放送局開局記念番組で「秋田追分」「秋田三吉節」を歌う。**「秋田追分」はいわゆる江差・松前調のものであった。「三吉節」は錦水得意とした民謡であった。		←この時、永澤定治も出演、「秋田荷方節」を歌う。これはいわゆる「北海荷方」調のものであった。佐藤観玉も出演し「秋田おばこ」を歌った。
1930（昭和5）			1930（昭和5）頃、清水リワは男鹿北浦の志田屋の芸妓であった。芸妓名・八千代を名乗る。彼女は秋田追分、船方節を得意とした、25歳。鳥井森鈴が金浦に追分の「金鈴会」を結成する。この時、加納初代は「安来節」を歌い森鈴を驚かす。これが実質的な彼女の発掘となった。
1932（昭和7）	**2.26 NHK秋田放送局開局記念では「三吉節」を歌う。**法螺貝は佐藤清一郎であった。9.21 仙台より中継放送で「保呂波梵天唄を歌ったが、当時「三吉節」をこのように呼んでもいた。「秋田追分」も歌ったが、曲調は「江差追分」で三浦爲七郎調であったろう。		→この時、鳥井森鈴は「秋田おはら」を歌う。清水リワはこの年、北浦の森太四郎と結婚する。加納初代が「本荘追分」でレコード吹き込み、以後「初代の本荘追分」で一世を風靡した。

年			
1933（昭和8）		9.4 ＵＫ放送番組で、中村静枝の太鼓伴奏をする。	加賀谷かねはこの頃よりレコード吹き込みが多くなる。
1834（昭和9）		9.22 ＵＫ放送番組で、加賀谷かねの「秋田甚句」や松井よしの「臼挽唄」「本荘追分」の太鼓伴奏をする。**この頃より〈太鼓の名手〉と謳われるようになる。**	加賀谷かねのレコード「秋田甚句」「秋田おばこ」「江差追分」発売
1935（昭和10）		2.26 ＵＫ放送で、「秋田追分」を歌う。9.3 ＵＫ放送〈マイクの旅・第六夜〉で「秋田音頭」「生保内節」「おばこ節」「秋田甚句」等の太鼓伴奏。	←この時の歌い手が黒澤三一、田口サダ、解説が小玉暁村であった。
1937（昭和12）		2.26 ＵＫ放送で、「おやまぶし」「三吉節」を歌う。	
1938（昭和13）			1938（昭和13）森八千代、夫と死別。33歳。以後、プロ歌手として活躍する。
1939（昭和14）			鳥井森鈴は馬川役場吏員として奉職、一時活動停止する。
1940（昭和15）	6-7 県派遣郷土部隊演芸慰問団として満州慰問、小濱（成田）與治郎も一緒であった。	2.20 ＵＫ放送で、「おやまぶし」「三吉節」を歌う。	←同時期に、小玉暁村や黒澤三一、永澤定治らは北支慰問をした。
1941（昭和16）		**5.17 東北民謡試聴会で、「三吉節」「にかた節」を歌う。**	加賀谷かねは縣派遣第二次演芸慰問団員として葛西きよと共に北支慰問。
1942（昭和17）		9.12 秋田郷土芸術発表会（四〇種公演）の第一部で、「三吉節」、第二部で「見下し節」、第三部で森鈴と共に「お山こ節」、他に「追分」、森鈴や川村金声と共に「秋田音頭」を歌う。	加賀谷かねは黒澤三一と共に北支慰問帰郷公演をする。（於秋田市）
1943（昭和18）	5.29 長男の金一氏（23歳）のアップ島玉砕をきっかけに帰郷し、巡業を止める。秋田市役所太平出張所吏員として奉職する。		鳥井森鈴一行の慰問活動──同行者は加納初代、田村美佐子、森八千代、加賀谷かね等で鉱山地帯を巡業した。
1950（昭和25）	11.1 日本民謡協会秋田県支部結成の時、顧問に就任。・これ以降、表に立っての民謡活動は殆どなかったらしい。	11.1 日本民謡協会秋田県支部結成の時、顧問に就任。	←秋田派（永沢定治など）と五城目派（森鈴）の係争があり、秋田派に折れる。支部長には、永沢定治。顧問には、中塚富之助、奈良環之助、森本勉（ＮＨＫ）、児玉政介、大島清蔵、山崎新太郎なども就任。
1958（昭和33）		12.19 逝去（66歳）。孫の重悦氏が継ぐ（秋田市太平中関字下館住）	
1964（昭和39）			森八千代逝去（58歳）。
1966（昭和41）			加賀谷かね逝去（56歳）。加納初代逝去（72歳）。
1976（昭和51）	7.25 逝去（77歳）		
1979（昭和54）			鳥井森鈴逝去（79歳）。

・永井錦水が昭和7年9月21日の放送で歌った歌詞
　　「保呂波梵天唄」：♪わたしゃ大平三吉のむすこ　人におしまけ大嫌い
　　　　　　　　　　　伊勢に七度高野に八度　出羽の三吉に月詣り
　　　　　　　　　　　朝の出がけに東を見れば　黄金まじりの霧が降る
　　「秋田追分」：♪立田川無理に渉ればもみぢが散るし　渡らにゃ聞かれぬ鹿の声
　　　　　　　　　松前のずっと向ふの江差とやらは　朝のわかれがないさうな

秋田市太平が生んだ民謡人・田中誠月

← 巡業や放送等で活躍していた頃の誠月
　＜三吉節＞を得意としていた

誠月は「太鼓の名手」としても有名であった
写真は、誠月愛用の「太鼓」である

村社の若宮八幡神社例祭の時の記念写真
前列の右端が誠月である
誠月は地域社会に貢献する名士でもあった
誠月晩年の写真になる

誠月の生家は、
　秋田市太平中関字下館に今もある →

〈左上・下の写真は田中昭子さん所蔵〉

Ⅲ　郷土芸能による地域の再生

民謡人・尺八奏者の畠山浩蔵翁
―「民謡あきた」91号（昭和60）より―

民謡人・尺八奏者の畠山浩蔵翁
・昭和23年からＮＨＫ自慢大会の専属伴奏者として活躍した畠山浩蔵翁
・翁は、昭和初期からＵＫ放送などの民謡番組に尺八伴奏で出演し、県民には広く親しまれた人物でもあった。
・「民謡あきた」91号（昭和60年3月1日発行）に紹介された翁の功績文の中に、故浅野梅若（初代）は、「あの頃の芸人に比べると、真面目でね、バカ話もあまりしない人だった。自分の芸を磨くことに一所懸命で、浩蔵さんの芸を継ぐ人がいなく一代で終ったのは淋しいね。写真は何か病気のあとのものだと記憶しています。いい写真だね」の評を述べている。
・八郎潟町の一日市の素封家に生まれた翁は、17歳から尺八を始めたと功績文中にある。三味線の浅野梅若、太鼓の成田与治郎とともに伴奏人として藤井ケン子、千葉千枝子、長谷川久子、浅野千鶴子などを育てた人物であった。

(1) 全県芸能競演会がもたらしたもの
1・地域の再生へ―郷土芸能や民謡人を支えた全県芸能競演会

◆「全県芸能競演会」開催のこと
- 終戦から丸一年経った昭和21年9月15日、秋田魁新報社が主催して「全県芸能競演会」が開催された。
- この大会はその後昭和32年まで12回続けて開催された。
- ＜郷土の芸能の一大饗宴＞と銘打って開催されてきたもので、多くに県民が楽しみにした大イベントであった。
- 大会は、郷土芸能だけでなく舞踊、歌謡曲、軽音楽などの分野も含めた総合的な音楽芸術的な文化の祭典となっていた。

当初は、郷土秋田にこだわり単に唄の上手を審査する内容ではなく、地域の盆踊りや番楽、獅子舞や秋田音頭のような手踊りなども審査の対象としていたところに、この大会の特色があった。

←昭和23年から始まったNHKの「のど自慢大会」もそういう路線は似たようなものであった。

←県記念館が会場となることが多かったこの大会では、県内各地の予選を勝ち抜いた代表が舞台狭しと郷土芸術の覇を競ったのである。

◆審査員の顔ぶれと大会の特徴
- 当時審査に当たった人物は秋田師範学校・秋田大学の小野崎晋三教授、日本舞踊の大家で本荘の藤陰清枝、作曲家の小松平五郎らであった。
- 第2回大会からは小松に変わって児玉政介や武塙祐吉らの秋田市長が審査員となった。

両人は郷土芸能や民謡にも造詣が深かった文人市長として名をはせた人物である。
- 昭和29年の第9回大会からは、それまでの音楽・舞踊等の総合的な芸術審査からどちらかというと民謡コンクールの色合いが強くなった。
- この傾向を受けて、奈良環之助、大島清蔵、松坂博といった民謡研究・評論の専門家が審査員となった。

これに、中塚富之助や山崎新太郎（ふっさ）が変わることもあった。

←藤陰清枝は、本荘追分の踊りの手を大成した人物。小松平五郎は東由利の出身で、小松耕輔の実弟で、新民謡運動にも活躍した人であった。

←この他、NHK秋田放送局の関係者も審査員に加わることもあって、秋田魁新報社やNHK秋田放送局、後にはラジオ東北も含め、地元の報道関係者が連携して大会を盛り上げていたことが読みとれる。

◆各回をどう表現して競演会をたとえたか
- 第2回大会：郷土の芸能の復興、健全な文化向上
- 第3回大会：年々充実する郷土のゆかしい芸能
- 第4回大会：生活の歓喜と伝統の郷愁から生れた民衆芸術
- 第7回大会：秋の芸能祭典として県民が大きな期待
- 第11回大会：秋に贈る豪華な農民の民謡祭…など

―終戦後の新しい民衆の娯楽としてだけでなく、純粋に音楽芸術や郷土の芸能、民謡などの新たな研鑽と発掘の場としてあるいは郷土芸術に携わる若い人々の多様な芸術や芸能の発表の場として準備されていたものになっていたところに、大きな特色があると考えている。

また、大会を重ねるごとに「民謡の秋田」という姿が顕著になっていったところに秋田らしい特色を見いだせよう。

2・大会を概観する—12回まで行われた芸能競演の絵巻

◆大会の概観—第1回から第8回まで

・第1回から8回までの競演会は、戦後復興、地域再生を旗印に、それぞれの地域が誇りとする郷土芸能が住民の声援を受けて出演していた。

・当時入賞した郷土芸能には、由利の小友村の番楽餅搗、花輪の町踊、横沢の国見ささら、八沢木村の獅子舞等々多くの郷土芸能が名を連ねている。

・なかでも、「秋田音頭」の妙技も評判を呼んでいた。
　出演は秋田市周辺の大平村、川添村、上北手村、大曲四ツ屋の佐藤雨香が入賞している。

・民謡に関して見るならば、この頃までは馬方節や荷方節、江差追分、秋田追分などで入賞する人が多く、一つの流れをつくっていたと言える。
　第2回大会では旧飯田川村の菊地千代吉の江差追分、第3回大会で湯沢の旧山田村の13歳の少年、藤原勝郎の馬方節、第4回大会では秋田市の伊藤藤雄（後の伊東満）の江差追分、第5回大会では旧比内町の藤原長蔵の馬方節や大曲市大川西根村の伊藤養之助の荷方節、第6回大会では旧岩城町亀田の吉尾サツの秋田追分など。

◆大会の概観—第9回以降

・民謡コンクールの色彩が強くなった第9回大会以降。
・第9回大会以降の民謡人の活躍
　昭和29年の第9回大会：
　　仙北高梨村の千葉千枝子が「本荘追分」で1位
　　旧雄和町川添の柏谷信男が「相馬盆踊り唄」で2位
　　大館市の日景寛悦が「馬方節」で3位
　　旧南外村の武藤市郎が「秋田荷方節」で5位
　昭和30年の第10回大会：
　　由利の旧下川大内の小笠原修三が「本荘追分」で1位
　　柏谷信男が「馬方節」で2位
　　秋田市の伊藤与治郎が「馬方節」で3位
　　武藤市郎が「秋田荷方節」で4位
　　旧雄和町種平の長谷川久子が「秋田甚句」で5位
　昭和31年の第11回大会：
　　旧大内町の佐々木実が「馬方節」で1位、
　　兄の佐々木常雄が「秋田追分」で2位
　　仙北の旧高梨村の千葉美子が「本荘追分」で3位
　　武藤市郎が「秋田荷方節」で4位
　昭和32年の第12回大会：
　　旧協和町の小笠原貞子が「秋田追分」で1位
　　秋田市の古谷スエ子が「秋田おばこ」で2位
　　旧比内町の本間良蔵が「江差追分」で3位
　　伊藤与次郎が「秋田追分」で4位
　　藤原長蔵は「秋田追分」で5位

←その熱気を伝える秋田魁新報
　第1回大会「泊りがけで声援！」
　第2回大会「助けて呉れ的人出に入りかねた郡部の人達、…芝生の上でピクニックまがいに弁当をひらく」
　第4回大会「全県の町から村からおしよせた観衆は午前八時半早くも広い会場を埋めつくし階上階下立すいの余地もない超満員」

←大曲四ツ屋の藤井ケン子は昭和27年の第7回と翌年の第8回の大会で「馬方節」を歌い第2位に入選した。
　ケン子はその翌年NHKのど自慢へも挑戦していった。

←優勝こそしなかったが、後の秋田民謡界を背負って指導者としても尽力する柏谷信男、日景寛悦、渡辺悦子、長谷川久子、千葉美子なども入賞する活躍をしている。
　まさに当時の若い歌い手達の実力発揮の場となっていたことが知れる。
　彼等の中から、昭和30年以降のNHKのど自慢全国大会で優勝していく人物も次から次へと輩出した。

←武藤市郎は優勝こそしなかったが、「秋田荷方節」の名手であった。終戦後の荷方節の名唱者を追うならば、黒沢三一～伊藤養之助～武藤市郎…という流れになるのではないかと私は考えている。

3・「荷方節」で成長した若き民謡人のこと

◆畠山浩蔵が評価した伊藤養之助の「荷方節」
・多くの歌い手の尺八伴奏を務めてきた畠山浩蔵は、「荷方節」に関心の高い人であったようだ。
・昭和24年の『月刊さきがけ』6月号の「秋田民謡集－荷方節」という一文を見る
－秋田県下で仙北地方の人の歌う荷方節がうまいと評価。
－特に、**大川西根村の伊藤養之助の歌う荷方節を大変高く評価**している。
－畠山によれば、**伊藤養之助は荷方節一本槍の人で、昭和24年のNHK東北北海道コンクールで3位入選**。
－当時、「荷方節」は「追分」とともに唄の上手を見極める課題曲のような地位にあったようだ。

←伊藤養之助は、2月27日に県記念館で行われた県予選で民謡の部で優勝。この時、秋田市の伊藤藤雄は「江差追分」で2位に、進藤勝太郎が「荷方節」で3位であった。

◆秋田で唄われた「荷方節」のこと
・戦前、秋田県内で歌われていた「荷方節」にも数種類あったが、伊藤養之助の唄は「仙北荷方節」である。
　名唱、黒沢三一が得意とした「お山節」が戦後一般に「仙北荷方節」として民謡のうまい歌い手に愛唱された。
　昭和25年頃、永沢定治や浅野梅若らによって「秋田荷方節」がつくられていく以前のものになる。
・ある種、「秋田荷方節」が広まる勢いがあったとしても民謡と言えば「荷方節」という時代は、昭和30年代までしばらく続いたと考えている。
・上述の黒沢三一はかつて「荷方節」即ち「お山節」をよく歌っていたが、いわゆる金沢や六郷の掛け唄大会で歌われている曲調であり、これが三一の名調子で広く歌われていた。

←農村部で広く唄われた「荷方節」は「仙北荷方」の曲調が一般的であったようだ。

◆秋田の「松坂」の特徴を伝えた人々
・昭和12年3月に町田嘉章邸で録音された中川村の西宮徳末の「荷方」は「松坂」と称されたやや上品な座敷唄であった。
・昭和16年5月の東北民謡試聴会で田中誠月が歌った「荷方」は当時南秋地方で歌われていた祝い唄系のものであったという。

　西宮徳末の歌詞は、
〽元日に鶴の音を出すあの井戸車　かめにアー汲み込む若の水

　田中誠月の歌詞は、
〽白鷺は小頸（こくび）かしげて二の足ふまへ　そしてハー見るのは水鏡

　加納初代の歌詞は、
〽アー床の間にかけて置いたるあの字を見れば小野の小町が筆の跡

－伊藤養之助の「仙北荷方節」とは少し調子は違うものであるが、概ね秋田では祝いの座敷で広く歌われた。

←西宮の歌うものとあまり違わない。
　加納初代が同じ試聴会で「金浦松坂」を歌っているが、音源を聞く限り、これも西宮や田中の歌うものと同類に入ると思われる。

資料：秋田魁新報社主催の「第2回全県芸能競演会」に出演した
南秋田郡大平村本町(もとまち)青年会の皆さん

・昭和22年9月24日に秋田県記念館で行われた
・地区予選を勝ち抜いて、この日の中央大会に臨んだ
・演目は「秋田音頭」であった―第5位入賞を果たした
・当時の新聞記事に「午前十時縣都記念館に三千五百と算せられる驚くばかりの観衆を詰めこんで豪華なふたを明け…午後三時半第二回目の本大会は芸能復興と発展に大いなる足跡を残して閉じた」とある
・写真中の三味線弾き、横笛奏者、踊り手の2名はいずれも「願人踊り」の出で立ちであった
・前列に4名の太鼓打ち、中列に4名の女性の踊り手が並ぶ
・この写真は秋田市太平目長崎の本町公民館に所蔵されている

・本町では昔から8月17～18日の不動堂の祭典での「奉納踊り」の一演目として「秋田音頭」が踊られていたという（「おばこ」「甚句」なども奉納されたという）
　踊りの手は戦前からの古い＜組踊り＞と＜笠踊り＞の二種である

資料：全県芸能競演会やNHKのど自慢大会と新たな民謡人の登場

麻生作成

年	全県芸能競演会における新人の登場	注目の民謡人
第2回 1947（昭和22）		・伊藤養之助（旧大曲市大曲西根）—10月31日に行われた第2回全日本郷土民謡コンクール秋田県地方大会で、仙北荷方節を歌って1位となる。審査員は鳥井森鈴、永澤定治、畠山浩蔵、浅野梅若らであった。
第3回 1948（昭和23）	・伊藤藤雄（秋田市）—江差追分で2位	
第4回 1949（昭和24）	・伊藤藤雄（秋田市）—江差追分で1位	・伊藤養之助—第2回NHKのど自慢秋田県大会で仙北荷方節で1位となる。2位は伊藤藤雄（江差追分）3位は進藤勝太郎（荷方節）
第5回 1950（昭和25）	・藤原長蔵（旧比内町）—馬方節で1位	
第6回 1951（昭和26）	・吉尾サツ（旧岩城町亀田）—秋田追分で1位	
第7回 1952（昭和27）	・山本正（大館市花岡）—馬方節で1位 ・藤井ケン子（大仙市四ツ屋）—馬方節で2位	
第8回 1953（昭和28）	・藤井ケン子—馬方節で2位	・日景寛悦—第6回NHKのど自慢秋田県大会で馬方節で1位となる
第9回 1954（昭和29）	・千葉千枝子（旧仙北町高梨）—本荘追分で1位 ・柏谷信男（旧雄和町川添）—相馬盆踊り唄で2位 ・武藤市郎（旧南外村）—秋田荷方節で5位	・藤井ケン子—第7回NHKのど自慢全国大会で馬方節で2位となる。
第10回 1955（昭和30）	・小笠原修三（旧大内町下川大内）—本荘追分で1位 ・柏谷信男—馬方節で2位 ・武藤市郎—秋田荷方節で4位 ・長谷川久子（旧雄和町種平）—秋田甚句で5位	・千葉千枝子—第8回NHKのど自慢全国大会で秋田おばこで1位となる。
第11回 1956（昭和31）	・佐々木実（旧大内町）—馬方節で1位 ・佐々木常雄（同上）—秋田追分で2位 ・千葉美子（旧仙北町高梨）—本荘追分で3位 ・武藤市郎—秋田荷方節で5位	・長谷川久子—第9回NHKのど自慢秋田県大会で秋田追分で1位となる。
第12回 1957（昭和32）	・小笠原貞子（旧協和町船岡）—秋田追分で1位 ・藤原長蔵—秋田追分で5位	・長谷川久子—第10回NHKのど自慢秋田県大会で本荘追分で1位となる。
1958（昭和33）	・佐々木常雄—第11回NHKのど自慢全国大会で船方節で1位となる。	
1959（昭和34）	・武藤市郎—種苗交換会全県のど自慢大会で秋田荷方節で優勝	
1960（昭和35）	・藤原長蔵—NHK秋田県早苗振り大会で秋田追分で優勝	
1961（昭和36）	・武藤市郎—第14回NHKのど自慢大会秋田県予選で秋田荷方節で第3位 ・浅野千鶴子—第14回NHKのど自慢全国大会で長持唄で1位	
1962（昭和37）	・村上和子（旧象潟町）—第15回NHKのど自慢全国大会で本荘追分で2位（県大会では、大島富子が船方節で2位）	
1963（昭和38）	・田中アエ子（鹿角市花輪）—第16回NHKのど自慢全国大会で船方節で1位（県大会で、沼田義郎が馬方節で2位）	
1964（昭和39）	・沼田義郎（旧天王町）—第17回NHKのど自慢東北大会で馬方節で2位（県大会で、川崎マサ子が秋田おばこで2位） ・小野花子—NHK秋田県早苗振り大会で船方節で優勝（2位は川崎正子で秋田おばこ、3位は中村圭二で米とぎ唄）	
1965（昭和40）	・小野花子（秋田市）—第18回NHKのど自慢全国大会で船方節で2位（県大会で川崎マサ子が秋田おばこで2位）	
1966（昭和41）	・川崎マサ子（旧雄物川町二井山）—第19回NHKのど自慢全国大会で秋田おばこで1位	
1967（昭和42）	・今野きつ子（旧本荘市）—第20回NHKのど自慢秋田県大会で草刈節で1位	
1968（昭和43）	・浅野和子（旧東由利町大台）—第21回NHKのど自慢全国大会で秋田追分で1位 ・藤原長蔵—日本民謡協会全国大会で本荘追分で優勝	
1969（昭和44）	・藤原長蔵—台の坂盆唄をレコーディング（キングR）	

※「秋田荷方節」の伊藤養之助、武藤市郎、「馬方節」「秋田追分」の藤原長蔵、沼田義郎、「馬方節（あべや）」の藤井ケン子は、秋田の次の時代をつくった代表的民謡人と評価したい。（麻生識）

(2) 優れた民謡人が育てた「民謡の国・秋田」

1．初代浅野梅若－その民謡修業時代

◆戦後の秋田民謡界を牽引してきた初代浅野梅若
・梅若は、明治44年（1911）秋田市雄和（旧大正寺村）神ヶ村の西の又に生まれたが、戦前その名が新聞紙上やUK放送に出ることはなかった。
・日本民謡梅若流連合会が刊行した『三味線一筋・浅野梅若－民謡一筋』には氏や弟子達が語った多くの言葉が載る。まさに梅若を知る格好の資料である。

←梅若の生涯、その活動の足跡については、倉田耕一氏が『みんよう春秋』に連載された「三味線一代」に詳しい。

◆「戦前の民謡修業時代」
・幼い頃から民謡が好きだった保二（後の梅若）少年。実は、多くの農村では戦前までは民謡が唯一の娯楽であった。保二少年もそうした環境の中で成長していく。
・近所には親戚の芸人で三味線弾き、浅野喜一がいたことも見逃せない。
　浅野喜一は昭和10年代UK放送に出演して地元の大正寺おけさや大正寺節などを浅野善十郎とともに紹介していた人物で、いわば地元民謡の発掘・発信者であった。

●梅若はこう語る。
　「民謡が好きになったのは、十歳頃からだ。三味線に感化された」と。

・高力市太郎との出会い
－昭和3年6月、新波の岡部旅館で由利の民謡家、高力市太郎が歌会を興行、得意の「本荘追分」を弾いたが、保二はそれに魅了され、高力の指導を受ける決心をしたという。翌年高力のいる金浦に行って指導を受けた。
　継母のナヨが贈答用に持たせた餅米の話は有名である。当時から貴重な礼物の品であった。
　金浦からの帰宅後は保二青年の腕は村でも評判になったようだ。ここで彼の成長が終われば実に平凡な村の一芸人で人生は終わったろう。

←私はこれが梅若の本格的な民謡人生への出発と考えている。

・優れた民謡人との出会い
－彼の優れていたことは、その後ある種偶然の出会いはあったにしても、当時の名のある民謡人に多く出会って真摯に民謡研究を重ねていったところにあろう。
・昭和5年の土崎の保坂千鳥や昭和6年の仙北高梨の藤井竹山との出会い、その後2年間の仙北民謡の研究、昭和8年に角館にて佐藤貞子を知ったこと、さらには、昭和10年都家演芸団の村岡一二三一座に参加していくなど、毎年のように流れるように当時の一流の民謡人を知っていく。

・「歌会」ブームとなった昭和10年代
－昭和10年前後は秋田でも青森でも大変な「歌会」ブームとなっていた。
－梅若はその10年代は津軽出身の芸人集団とともに主に北海道や東北の巡業が多かったらしい。巡業は人生の生き方を教えてくれる大切な場であった。

←藤井竹山は藤井ケン子の父で尺八奏者としても著名な人。佐藤貞子は「秋田おばこの女王」。村岡一二三は「オハラ節」の名人。

←「民謡で飯を食うんだという覚悟を持って、指が裂けて血が出るくらいやったもんだな。」「ものごとは人から教わるのを待っているようでは駄目だ。自分で研究するという意味は、そういうことだ。」
　梅若がよく弟子達に語っていたことばという。

高力市太郎の民謡人生
(こうりき いちたろう)
（明治20年～昭和20年）
　1887　　　　1945

◆高力市太郎といえば、本荘追分の三味線の手を初代浅野梅若に教えた人物として有名である。

◆しかし、由利民謡界を、およそ20年に亘って、斎藤如水や土門信恵とともに引っ張った功績が大きかったと考えている。

◆本荘追分、船方節（出雲節）、馬方節、岡本新内の唄の名手でもあったという。

● 年譜概略

明治20（1887）	酒田に生まれる。
大正2（1913）	26歳、この頃、麻生定吉に師事して、三味線修業終える。
大正10（1921）	34歳、金浦で自転車店を経営する。
昭和3（1928）	41歳、新波の岡部旅館で歌会興業があり、三味線伴奏をする。この時の本荘追分にとりつかれ浅野梅若が意を決する。
昭和4（1929）	42歳、3月13日浅野梅若が高力市太郎を訪問する。二晩にわたり本荘追分の手を習ったという。
昭和5（1930）	土門信恵の「本荘追分」の伴奏をする。この時の尺八は斎藤如水、太鼓は加納初代であった。

〈この頃、尺八の斎藤如水、三味線の高力市太郎が由利民謡界の中心となる〉

昭和13（1938）	6月16日、UKより東北四局の俚謡競演番組放送。船方音頭は唄が土門信恵、笛が斎藤如水。臼挽唄は、唄が佐藤みよ江、尺八が如水、三味線が高力であった。
昭和20（1945）	没。享年58歳であった。金浦の耕伝寺（曹洞宗）にねむる。

2・初代浅野梅若－昭和20年代という時代

◆戦後の名手、浅野梅若の誕生
・浅野保二が津軽三味線の名手、梅田豊月から「梅若」の名をもらったのは、彼に師事していた昭和15年という。「浅野梅若」の誕生である。
　しかし、梅若が世に出て羽ばたくにはまだしばらく時間が必要であった。

◆戦後の「秋田民謡人誕生時代」と梅若
・昭和19年招集され海軍での生活、そして戦後兵役を終えて帰秋。しばらくは日用雑貨の行商をして生計を立てていたという。

←秋田市楢山追回町に居住。
←その頃、雄和平尾鳥の小学校3年生であった長谷川久子が六年生を送る会で「長者の山」を歌って周囲を驚かせたという。彼女は鳥井森鈴、加納初代、加賀谷カネ子のレコードで民謡修行をしていた。梅若の三味線で「本荘追分」で民謡日本一になるまでにはまだ12年の歳月を待たねばならなかった。

◆戦後の地域再生に努力した人々
・時代は地域の再生を何によって成し遂げていくか大きな課題を背負っていたが、地域の人々に愛され培われてきた郷土芸能、民謡がその役割を果たすよう要請されていた。
・NHKや秋田魁新報社などはそういう時代の先頭に立って郷土芸能・民謡の振興に努めるようになる。
・昭和21年からの秋田魁新報社主催の「全県芸能競演会」同23年からのNHK「のど自慢大会」、同25年からのNHK「民謡おさらい教室」の放送開始などがそうした流れから開催された。
・<u>民謡人、永沢定治の活躍と梅若</u>
－秋田市雄和本田出身の永沢定治は戦前は主に北海道で活躍した民謡人であったというが、昭和28年亡くなるまで戦後の民謡復興に尽力した人物である。
－梅若は昭和25年頃、その永沢定治と出会い、彼の歌う「北海道の荷方」の伴奏をしたことが、後の「秋田荷方節」誕生のきっかけになった話は有名である。
－梅若は永沢定治について、こう語る。
　「永沢さんはツヤのある声で、三味線伴奏が引っ張られて別の音色になるほどだった」と。
－民謡研究家の飯田晴彦さんは、梅若はこの荷方節には歌っている時も伴奏をつけたという。歌っている人の味を引き立てるため撥の力を半分にしたという。まさに梅若流の「秋田荷方節」誕生の瞬間であった。

←「北海道の荷方」は、幕末のニシンの豊漁期に、越後方面からのごぜや座頭などの芸人によって移入された新潟節が江差地方で歌われ、北上して主に小樽近辺で「北海荷方節」の名で歌われるようになったものである。
〽新潟浜中の花売り婆様　花も売らずに油売る
〽新潟出るときゃ涙で出たが今じゃ新潟の風もいや
　昭和9年9月にUK放送で永沢定治は「函館荷方」として得意のノドを披露した。梅若は北海道や東北を巡業修行していた頃である。

◆NHK秋田放送局の民謡伴奏の専属として活躍の時代
・梅若は、昭和29年にNHK秋田放送局が民謡伴奏の専属として指名される。<u>尺八の畠山浩蔵、太鼓の成田与治郎</u>とともに、名トリオが出来た瞬間であった。昭和44年までこのスタイルが続く。
・昭和30～40年代は「民謡王国・秋田」の黄金期
　…梅若はその先頭に立って活躍した人であった。
　…梅若流の秋田民謡が確立される流れと連続している。
・内弟子として成長していった浅野千鶴子は「秋田長持唄」で、浅野和子は「秋田追分」で日本一となった。
・「弟子達はみんな我が子だ。」といった梅若さん、平成18年95歳で他界した。

←藤井ケン子の「馬方節」千葉千枝子の「秋田おばこ」、長谷川久子の「本荘追分」、佐々木常雄の「秋田船方節」

3・民謡人が民謡人を育てる－浅野梅若につながる群像を見る

◆民謡人が民謡人を育てる
・＜民謡人が民謡人を育てる＞ということ。
－浅野梅若は決して突然の如くそこに現れたのではない。何人もの民謡人との関わりの中で誕生した。
　浅野喜一、高力市太郎、保坂千鳥、藤井竹山、村岡一二三、梅田豊月、永沢定治、畠山浩蔵等の指導・交流が背景。
－その関わってきた民謡人も又多くの民謡人と関わってきたことにも注意しておかなくてはならない。

←このことが民謡史ともいえる分野が豊かに展開できるゆえんであると考える。

◆民謡研究家の牧賢蔵さんのこと
・私はかつて民謡研究家の牧賢蔵さんから
「今の本荘追分は高力市太郎を出発にして考えてもいいが、様々な人物がモザイク的に絡まって地域地域で花開かせた民謡でもあるんですよ。」といったようなことをうかがったことがある。至言である。
・牧先生がこだわった「本荘追分」研究
－「麻生さん、これつまらないものだけど見てください。私の思いと、由利の地域の思いが詰まっていると思います。」と言ってくれたのが『「本荘追分」調査報告書』（平成2年、本荘市教育委員会）であった。
－私も下手ながら民謡をたしなむが、先生は民謡がうまい。古調本荘追分は誠に味わい深いものであったと記憶している。お会いしたとき、ふと＜秋田の浅野建二だな＞とも思ったりした。

←牧先生は長年社会教育に携わってきた方で、その意味では同じ分野で仕事をしてきた人間から見れば大先輩であった。

←浅野建二は『日本民謡大事典』（雄山閣）を編纂した民謡研究の大家である。「さんさ時雨」や「諸国盆踊集－山家鳥虫歌」の研究の第一人者でもあった。

◆高力市太郎等と由利民謡界の一面
・高力市太郎は20代の半ばまで麻生定吉について三味線を修行したらしい。
・牧さんによれば、それは鳥海の笹子(じねご)生まれの佐藤林之一の手になるものであったという。
・この林之一の弟子の一人が麻生定吉で、その弟子の一人が高力市太郎である。
・梅若は、昭和4年頃に高力市太郎から本荘追分の手を学ぶことになった。
・同じ林之一の弟子に矢島生まれの荒沢坊こと土田清市という人がいて、後に矢島の佐京の市こと小松藤太郎に自分の手を教えた。その弟子が有名な鮎瀬坊と呼ばれた佐藤三治郎（三次郎）で、本荘追分を得意とした人であった。
　その弟子に本荘上野の大場石造と藤原菊子がいた。この大場石造の三味線の手が彼の弟子の大場嘉一に伝わり、梅若もこの指導を受けたという。梅若はこの他に林之一の流れを汲む鳥海伏見の黒木甚作の指導も受けたと言う。
・<u>浅野梅若はこうした由利の民謡人の指導を受けて本荘追分を学んでいたことになる。彼の三味線の手は後年彼流に大成はしていくけれども、やはり底流を思えば、由利三味線流ということになると私は考えている。</u>

←林之一のことについては『鳥海町史』（昭和60年、鳥海町）に載る昭和36年の高橋四郎平という人の調査報告もある。

←このことは旧『由利町史』（昭和42年）に載る。
←三次郎は由利前郷の祭典ではなくてはならない存在であったという。
←藤原菊子は本荘追分の名手であった。彼女の本荘追分は斎藤如水の尺八伴奏で昭和12年UK放送されている。加納初代とはまた違った流れるような歌い方だなと私は思っている。

◆由利民謡界は鳥海、矢島、鮎瀬、金浦等々で輩出した人物によって彩られたきた地域といえる。

4・民謡に生命をかけた民謡人―成田与治郎と東海林叶江を見る

◆郷里の民謡を愛した民謡人、成田与治郎
・郷里の二ツ井伝承の民謡を愛した成田与治郎。
―与治郎は明治40年（1907）に旧二ツ井町種梅の生まれ。
―二ツ井から藤里にかけては、郷土芸能の駒踊りが今も伝承されている。この踊りが始まる時、踊り手が勢揃いして入場する際に歌われるものが駒曳き唄である。
―これを得意としたのが、与治郎であった。
―与治郎はまた、戦前の昭和16年5月の東北民謡試聴会や同18年9月の郷土芸能四〇種公演で高岩節も歌っている。荷方節や梵天唄などの曲調に類する民謡である。

←別名、ささらと呼ばれる駒踊りは梅内、種、荷上場、仁鮒などの集落で今も伝承されている。

←高岩節は3月と10月に、旧二ツ井町荷上場の高岩山神社祭で歌われてきたものである。

◆若き民謡人の育成に尽力した成田与治郎
・昭和28年、永沢定時の跡を受けてNHK秋田放送番組「民謡おさらい教室」の講師を務める。
・昭和30年頃より、三味線の浅野梅若、尺八の畠山浩蔵とともに太鼓の成田与治郎として活躍し、NHKのど自慢大会の名伴奏者となる。
―昭和36年には、自宅のあった秋田市土崎に「秋田郷土民謡研究会」をつくり、本格的に人材の育成に努める。
―門下では佐藤サワエ、田中アエ子、村上和子、小野花子などが育っていくことになった。
―彼の良き理解者であった大島清蔵は、与治郎をこんな表現で形容した。
「命がけで民謡に取り組んだ民謡人だった」
「土地を離れ、家を移し、財産を棄ててまで民謡と心中する気で勉強した人だった」
「正に、民謡の鬼とでも称すべきか」と。
〈大島清蔵著「秋田民謡歌手列伝」より〉

←浅野梅若、大島清蔵等も講師を務めていた。

←千葉千枝子はその民謡日本一の第1号となつた。

←田中アエ子はNHKのど自慢全国大会で優勝、村上和子、小野花子は2位となる活躍をした。

←しかし、与治郎を知る人の多くは、その優しく見守ってくれる人柄を慕う人が多かったと聞いている。

◆東海林叶江―「叶江節」とも呼ばれた本荘追分が財産
・昭和2年（1927）に、旧大内町上川大内岩野に生まれる。
・10代から、郷里では「唄っこのうまいじょっこ」として有名であったらしい。
・戦後まもなく「東海林繁子一座」に参加、鳥井森鈴にも師事するなどして活動した。
・彼女は、「大黒舞」と「本荘追分」を得意とした。
―大島清蔵は彼女の唄についてこんな評を残した。
「叶江さんは若き日、NHKのど自慢大会などの場に出て意を燃やしてやる人ではなかった。民謡を愛する一人として活動した。」
「彼女の唄には古い元唄の香りと味が入っている。由利出身だけに、本荘追分がいい。あの黒砂糖でこさえだ（こしらえた）本荘もろこしの独特の味をおもわせる。」
〈大島清蔵著「秋田民謡歌手列伝」より〉
・昭和30年代以降は活動の場を秋田市に定め、秋田ヘルスセンターや秋田駅前民謡酒場「義声庵」などで活躍した。
・晩年は各地の老人ホームや病院での慰問活動が多く、彼女の美声を記憶に留めている県民は多いと思う。平成7年に他界した。

←姉の東海林シゲヨ（繁子）は昭和16年頃より「桜橋演芸団」で活動に参加、岩手や北海道を巡業している。

←数少ない大きな大会への出場ではあったが、昭和50年11月の第15回郷土民謡協会全国大会で「秋田大黒舞」を歌って優勝している。

資料：戦後につながる民謡人の群像

〈初代浅野梅若を軸として〉　　　　　　　　　　　　　　　　　　　　　　　　　麻生作成

1919（大正19）	この頃より、芸好きの浅野喜一らの影響で三味線始める。「民謡が好きになったのは、十歳頃からだ。三味線に感化された。」	浅野喜一は浅野善十郎等と大正寺の民謡の発掘、振興に努める。
1928（昭和3）	6月、新波にて高力市太郎が歌会興行。この時の高力弾く「本荘追分」に魅了される。	昭和天皇御大礼記念として大正寺郷土芸術振興会発足。この時、「大正寺節」が復活する。
1929（昭和4）	3月13日、高力市太郎を訪問するため、金浦に行く。高力からは、二晩にわたって本荘追分の教えを受けたという。	高力市太郎（明治21－昭和20）彼は、この頃斎藤如水の尺八、加納初代の唄で本荘追分をレコード吹き込み 〽目出度目出度や若松様よ　枝も栄えて葉も茂る 〽この家座敷に藤一本生えた　つると思たば金のつる
1930（昭和5）	この年の暮れより、土崎港の保坂千鳥のもとで約一年修業をする。	仙台放送局でのラジオ放送があり保坂千鳥出演、彼女と当地へ行ったこともあるという ←保二の立場は、「菓子職人見習兼保坂千鳥内弟子」。
1931（昭和6）	藤井竹山に師事し、仙北民謡を研究する。二人で共に民謡研究の二年間であった。仙北地方を巡業もする。	
1932〜3（昭和7〜8頃）	佐藤貞子を知る。角館にて竹山と一緒に会う。これをきっかけに、貞子一座に入り、樺太まで巡業したこともある。	昭和7年2月26日、UK秋田放送局開局放送あり。鳥井森鈴、永井錦水、斎藤如水、太田秀月等が出演
1934〜5（昭和9〜10）	「一緒に行く人達によって巡業の長さも違うけれど、長いときは一年以上家に帰らないときもあった」 「（小さな町村で）宣伝のために町回りをしたのも面白かったな。」	この頃、歌会がブームとなった時代であった。
1936（昭和11）	陸奥の家（工藤美栄）の家座員として樺太巡業。「毎日太鼓を叩きながら町を回ったものだ。」	
1938〜（昭和13頃）	初冬より、青森県出身の工藤源太郎、成田美声等と巡業する。この頃より、津軽芸人と歩くことが多かった。	工藤源太郎、成田美声等の津軽芸人が秋田に居住、巡業活動をする時代であった。
1939〜（昭和14頃）	都家演芸団（座長：都家遠若）の座員として巡業する。主に、県北の鉱山地帯を巡業。	
1940（昭和15）	都家演芸団の座員として元旦から北海道のニシン場を巡業する。 東京の梅田豊月（津軽三味線の名手、弘前市出身）を知る。彼の下で、津軽三味線を修業する。 「梅田さんに名前をくれと言ったら、最初、梅月という名をくれた。しかし、浪曲の名人寿〃木米若にあやかって米若の「若」が欲しいと言ったら、梅田さんは特に反対しなかった。好きなようにしろといわれて、梅若にした。」	
1948（昭和23）		NHKのど自慢大会始まる。
1950（昭和25）	「昭和25年函館から柿崎ちえ子が来たとき、ＮＨＫ秋田の"民謡おさらい道場"〈おさらい教室〉に一緒に出ていた永沢定治さんが北海道の荷方節を覚え、それに俺が伴奏をつけた。俺は唄っているときもつけた。唄に入ってからは前奏の力でやると唄が聞こえないので、撥の力を半分にするが、この加減も難しい。」 「永沢さんはツヤのある声で、三味線伴奏が引っ張られて別の音色になるほどだった。」 →梅若、定治の二人により、「秋田荷方」が誕生する。	NHK「民謡おさらい教室」放送開始
1953（昭和28）		ラジオ東北開局。「民謡学校」放送。
1954（昭和29）	NHK秋田放送局は民謡伴奏の専属として、浅野梅若を指名する。尺八は畠山浩蔵、太鼓は成田与治郎。 →このスタイルが、昭和44年まで続く。	長谷川久子は、藤井ケン子の活躍などに刺激されてのど自慢出場を決意する。 最初の内弟子として、仁賀保町の佐藤サダエ入門（当時16歳）
1955（昭和30）	梅若、浩蔵で「秋田おばこ」の唄に上手につけた奏法を生みだし、千葉千枝子を民謡日本一にする。 →新しい「秋田おばこ」が誕生する。	この頃、小松清之助、畠山浩蔵の指導による千葉千枝子の「おばこ」が完成する。

1956（昭和31）	この年、梅若の三味線、畠山浩蔵の尺八に合わせた「久子の本荘追分」がつくられていく。梅若とのコンビが大成していく。	
1957（昭和32）	3.21 NHKのど自慢全国コンクールで長谷川久子が本荘追分を歌い優勝〈このとき20歳〉尺八：畠山浩蔵、三味線：浅野梅若	この年、日本民謡協会第8回大会で佐藤サダエが本荘追分で優勝
1959（昭和34）	梅若が、佐藤千鶴子の「外山節」に感動したという逸話が残る。佐藤千鶴子が二番目の内弟子として梅若に入門。	後の浅野千鶴子（五城目高校やめて入門、16歳）。
1961（昭和36）	浅野千鶴子が秋田長持唄で日本一になり、これ以後、この唄い方の長持唄を歌い出す。尺八：畠山浩蔵、掛け声：浅野梅若であった。秋田市文化章授章。	いままで歌っていた箪笥担ぎ唄〈道中唄〉は唄わなくなる
1966（昭和41）	日本民謡協会技能章授章。	4.1 秋田民舞団・五星会が発足 長谷川久子、千葉美子、佐々木常雄、佐々木実、藤丸貞蔵らが参加
1967（昭和42）	この年、日本民謡協会第18回大会で浅野和子が本荘追分で優勝	
1968（昭和43）	この年、浅野和子が「秋田追分」でNHKのど自慢日本一になる。	
1969（昭和44）		AKT秋田テレビ創立
1971（昭和46）		3.7 民謡春の祭典・秋田民舞団「五星会」結成五周年記念祭典開催 この年、千葉千枝子も五星会に参加
1971（昭和46）		10.9 AKT「秋田民謡のど自慢」スタート 久子、常雄、美子などがレギュラーゲスト
1975（昭和50）	秋田県文化功労者となる。	
1978（昭和53）	日本郷土民謡協会技能章授章。	
1979（昭和54）	日本民謡協会名人位受賞。68歳であった。 ←名人位の必要条件：芸に風格あり、人格者であること、指導力が在ること	
1987（昭和62）	生地の神が村に「浅野梅若民謡歌碑」建立される。	
1989（平成元）		10.29 長谷川久子が日本民謡協会技能章授与さる。
1995（平成7）		久子没、享年58歳
2006（平成18）	8月4日逝去、享年95歳。	

* 梅若の言：「名人というのは、人が勝手にそう呼んでいるだけのものだ。とにかく民謡が好きでなければ駄目だ。」
  「俺が一番好きなのは、酒屋唄だな。特に理由はないけどな。簡単で覚えやすくて、あまり節をつけて回す唄ではないところもいい。」
  「（民謡で）飯を食うんだという覚悟を持って、指が裂けて血が出るくらいやったものだな。」
  「ものごとは人から教わるのを待っているようでは駄目だ。自分で研究するという意味は、そういうことだ。」
* 資料：『三味線一筋　浅野梅若―民謡ひとすじ』（平成7年3．1．日本民謡梅若流連合会）
  同書の実質編集者は、金澤勉氏である。
* 資料提供：飯田晴彦氏（民謡評論家、東京在住）の『みんよう春秋』等収載記事より。
  　　　　　牧　賢三氏（民謡研究家、故人）『舞鶴』『民謡あきた』等収載の民謡関係小論より
* 太字は、浅野梅若の言葉を示す。
* 牧賢三先生は生前、本荘市文化財保護審議委員等を務める傍ら、高校生をはじめとした青少年への民謡布教活動に尽力された方である。「本荘追分」の調査研究では県内の第一人者であった。氏はまた本荘追分の旧節をよくご存知の方でご自身も民謡を歌う人であった。「猿倉人形芝居」の研究で著名な故高野喜代一氏とともに本荘の民謡研究では欠かせない重要な働きをされた方である。

資料：民謡人・成田与治郎の年譜と記録写真

麻生作成

年月日	事績など	備考
1898（明治31）		10.2 二代目大船繁三郎（斎藤門吉）が北海道虻田郡倶知安に生まれる。
1907（明治40）	1.10 旧山本郡二ツ井町種梅に生まれる	
1928（昭和3）	この頃より、民謡界に入る 当時大流行の「江差追分」（本唄）を得意とした二代目大船繁三郎（斎藤門吉）門下に入る	二代目大船繁三郎（斎藤門吉）の娘が斎藤京子である
1941（昭和16）	5.17 秋田魁講堂にて開催された「東北民謡試聴会」では、「高岩節」と「駒引き唄」を歌った	→いずれも郷里二ツ井の民謡である。
1943（昭和18）	9.12 秋田県記念館で開催された「郷土芸能四〇種公演」では「駒曳き唄」を歌った。	
1946（昭和21）		3.28 川崎マサ子（マサ）が雄物川町二井山ざるの沢に生まれる 10.9 小野花子（星野ハナ子）が秋田市外旭川神田梶ノ目に生まれる
1953（昭和28）	永沢定治の死去を受けて、NHK秋田放送番組「民謡おさらい教室」の講師となる 成田与治郎は田中誠月以来の「太鼓の名人」といわれた	この時から大島清蔵も講師を務める
1954（昭和29）	正月元旦のNHK放送番組で小野峰月と「追分」を歌い評判を取る、戦後初の「追分」放送となった	この年、藤井ケン子が「馬方節」でNHKのど自慢全国大会で2位となる
1955（昭和30）	三味線の浅野梅若、尺八の畠山浩蔵、太鼓の成田与治郎というNHK黄金コンビがのど自慢民謡日本一を誕生させ始める、その第一号が千葉千枝子の「秋田おばこ」	この年、千葉千枝子が「秋田おばこ」でNHKのど自慢日本一になる
1956（昭和31）		梅若の三味線、畠山浩蔵の尺八に合わせた「久子の本荘追分」がつくられていく
1957（昭和32）		3.21 長谷川久子はNHKのど自慢で「本荘追分」を歌い優勝　尺八：畠山浩蔵、三味線：浅野梅若、太鼓：成田与治郎
1958（昭和33）	成田与治郎門下の佐藤サワエが「有楽会館」で長谷部梅忠とコンビを組む	村山多七郎が民謡酒場「有楽会館」開業、専属伴奏に長谷部梅忠が就任
1959（昭和34）		秋田県中央民謡新人会結成発表会に、千葉千枝子、千葉美子、佐々木常雄、長谷川久子などが参加する
1960（昭和35）	11.23 歌手生活三十周年記念大会を郷里の二ツ井町で開催する	この年、全国青年大会で佐藤サワエが本荘追分で優勝
1961（昭和36）	2.「秋田郷土民謡研究会」を結成する（土崎小学校にて）会長は池田捷司就任	この年、浅野千鶴子が秋田長持唄でNHKのど自慢日本一になる　尺八：畠山浩蔵、掛け声：浅野梅若 →3月、川崎マサ子が沼館中学校を卒業、村山多七郎の女中として就職
1962（昭和37）	3.門下の村上和子がNHKのど自慢で「本荘追分」で第2位となる 川崎マサ子、小野花子が「有楽会館」の長谷部梅忠の下で修業するため、多七郎、与治郎の下を離れる	→小野花子が中学卒業後、成田与治郎門下に入る
1963（昭和38）		この年、田中アエ子が秋田船方節でNHKのど自慢日本一になる
1966（昭和41）	工藤陽子（能代市下浜生、後の鈴木峰春）が与治郎に師事する、定時制高校に通いながら民謡修業する	4.1 秋田民舞団・五星会が発足し長谷川久子、千葉美子、佐々木常雄、佐々木実、藤丸貞蔵らが参加 この年、川崎マサ子が秋田おばこでNHKのど自慢日本一になる
1967（昭和42）	8.17 成田与治郎民謡祭を県民会館で開催し、「江差追分」歌う、主催は土崎民謡研究会であった	この年、日本民謡協会第18回大会で浅野和子が本荘追分で優勝
1968（昭和43）		この年、浅野和子が「秋田追分」でNHKのど自慢日本一になる
1969（昭和44）	12.日本民謡協会秋田成田支部発足、支部長には与治郎就任　新人育成のための勉強会を月2回開催へ	この年、日本民謡協会第20回大会で小野花子が秋田船方節で優勝
1970（昭和45）	工藤陽子が高校を卒業し、上京、（その後静岡で活躍、沼津市住）	この年、郷土民謡協会全国大会で佐藤サワエが本荘追分で優勝
1971（昭和46）		この年、千葉千枝子も五星会に参加
1980（昭和55）	10.16 逝去（73歳）	→同じ日に第2回NHK日本民謡の祭典開催（NHKホール）、秋田からは、浅野梅若、斎藤京子、長谷川久子、佐々木常雄ら出演

＊資料提供：飯田晴彦（民謡評論家、東京在住）〈前掲書〉
＊山崎ふっ茶：「秋田民謡、あのころ」（魁・昭和44）
◆成田与治郎門下：佐藤サワエ、田中アエ子、村上和子、小野花子、鈴木峰謡（金雄）、渡辺悦子、鈴木峰春など

[成田与治郎を囲む人々]

■与治郎は、NHKのど自慢コンクールでは、多くの民謡日本一を育てた一人であった。
写真左が与治郎、隣は順に、畠山浩蔵、長谷川久子、浅野梅若

■昭和35年、郷里の二ツ井町で開催された「民謡三十年記念大会」の時の記念写真
前列右から4人目が成田与治郎、その右側が畠山浩蔵、左隣が山崎拂茶である。

与治郎氏の家族とともに
～後列の左端が小野花子、一人おいて村上和子、前列の左端が鈴木金雄（峰謡）～

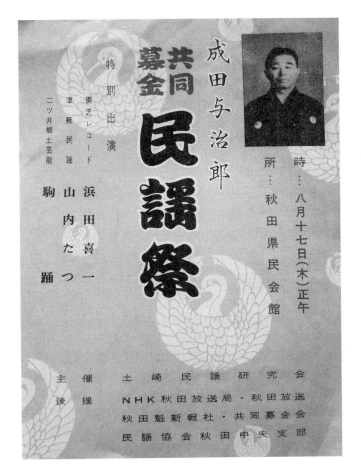

昭和42年8月に開催された「成田与治郎民謡祭」のパンフレットである。

彼が主宰した土崎民謡研究会が主催した。

還暦を迎えた与治郎師は、「江差追分」の浜田喜一をはじめ、県内の民謡人を多数招いて豪華な民謡ショーを開催したのであった。

郷里の郷土芸能である「駒踊」も招待し、ふるさとへの想いを新たにした一日でもあったという。

〈写真等は斎藤早苗さん所蔵〉

(3) 「生保内民謡正調の会」から「田沢湖郷土芸能振興会」へ

1・生保内民謡の保存継承活動

◆田口織之助による元唄保存活動

・昭和17年8月19日、当時の生保内村出身の弁護士・田口織之助によって「生保内民謡正調の会」が結成された。

・仙北民謡の保存継承活動という点に立つならば、小玉暁村が昭和6年結成した「仙北歌踊団」の自然消滅を受ける形の結成、活動であった。

・その目的の一つが、小玉暁村によって改編改作された「生保内節」「長者の山」「ひでこ節」などを無伴奏で歌った時代の曲調を保存継承しようとするところにあった。

←昭和初期、飾山囃子の振興と発信に功績のあった旧中川村の田中織之助とは別人である。

生保内民謡の名手、故田口キヨノさんは弁護士の田口氏の夫人である。

◆「田沢湖町郷土芸能振興会」による保存継承活動

・田口織之助らの元唄継承活動は、その後、稲田作治、田口秀吉、千葉平右衛門、田口キヨノ、津島留吉（いずれも故人）らによって受け継がれた。

名称も「田沢湖町郷土芸能振興会」となった。昭和36年の結成である。

・田口キヨノさんは稲田作治翁から指導を受け、地元の民謡人として、また後には指導者として成長していった。

彼女は「生保内おばこ」「生保内だし」「生保内岡本」などを得意としていた。

・田口秀吉さんは、昭和28年8月に『民謡のおぼない』という小冊子を田口古心という名で著作している。

この中で、生保内民謡として「生保内東風（おぼねだし）」「しゅでこ節」「生保内おばこ節」をあげ、この地に生まれた民謡として取り扱っている。これは、あながち間違いではないと考える。確かに伝播移入された色合いは持っているが、それぞれにこの地特有の味を持って新に生まれた民謡してみれば、「生保内の民謡」なのである。

・田口秀吉さんの〈生保内古民謡の保存活動〉への出発はあるいはこの辺がその端緒になるのではないかと私は考えている。民謡保存に大変情熱を傾けた人であった。

←「その保存継承はもちろん若い次世代に伝えていく作業でもあったな。後継者育成も大きな仕事だった。みんな何となく体で覚えているのでね。」と語った田口秀吉の言が印象に残っている。

←現在は町村合併で、仙北市となり「田沢湖郷土芸能振興会」である。

←キヨノさんの無伴奏で歌う元唄の数々は、車座になって歌い踊る場にふさわしい雰囲気を醸し出す味を持っていた。私はそれを「キヨノ節」などとかってに命名している。

←当時生保内に伝承されていた民謡の解説と歌詞を記した貴重な研究書である。

←「西根山」「田植唄」「荷方節」等々郷土化された民謡も数多く解説、当時生保内地方で歌われていた民謡の全容を知ることができる。

◆地域の芸術文化振興に貢献した人々

・東北三味線の研究家で仙北人の芸能にも詳しい飯田晴彦さんは、戦後まもなく仙北の「おばこ演芸団」を指導育成してきた小松清之助らが若い歌い手を育てながらも県の民謡界の中で主役の立てなかったことを「民謡の本場仙北が秋田に王座を奪われたことに尽きる。時代の波は秋田市中心に動いたからである。」と何度か私に話されたが、これは正しい指摘と考えている。

・しかしながら、そういう波の中にあって、もう一度地域の芸能、民謡を見つめ直そうという雰囲気は生保内地方にはあった。これが、結果として「郷土芸能振興会」の結成であったし、「田沢湖町に残る古民謡」の保存継承活動に実を結んでいる。

・田口秀吉さんの息子の稔雄（としお）さんや羽川たみ子さんらの活動はそれを物語る活動の一つであった。その血は今も脈々とこの地域に流れている。

←二人とも故人になったが、特に羽川さんは子ども達に「生保内だし」を指導されていたし、自身も元唄の保存活動に努力されていたことを記憶している人は多いと思う。

・上の写真は、田口キヨノさんや田口稔雄らが踊や唄を指導している風景である。昭和30年代と思われる。
・下の写真は、昭和38年8月18日に生保内の東源寺で行われた「生保内地区郷土芸能功労物故者の慰霊祭」の記念写真の一部である。田沢湖町郷土芸能振興会が主催した。同会は「生保内東風」「生保内おばこ」などの古民謡の保存継承や若い世代への芸能継承を目的に活動、その様子もうかがわせる写真である。
・下の写真～
　前列中央が稲田作治翁、その右後ろが田口キヨノさん、また右へ3人目が田口秀吉さん。
・上の写真～
　真中の唄と三味線が田口キヨノさん、左で太鼓伴奏しているのが田口稔雄さん。稔雄さんは秀吉さんの息子である。

〈写真は田口涼子さん所蔵〉

2・優れた文化遺産—田沢湖町に伝承の古民謡を見る

・田沢湖町郷土芸能振興会は、創立20周年を記念し、「わらび座」の協力を得て「田沢湖町古民謡」を記録、テープに収録した。

・収録は昭和56年6月30日に田沢湖町民会館で行われた。同振興会会長であった田口秀吉さんが中心に成り企画されたもので、千葉兵右衛門、田口キヨノ、田口政徳、津島留吉（いずれも故人）らのみなさんが歌い手となり元唄の収録に協力するなど貴重な記録作業となった。

・次に、当日収録された約30曲の民謡と歌い手を記す。

1 おばこ元唄
　　生保内おばこ　　　田口　キヨノ
　　田沢おばこ　　　　田口　鋼治
　　神代おばこ　　　　千葉　　秀
　　生保内おばこ　　　田口　政徳
2 荷方節（別名、草刈唄）　津島　留吉
3 生保内荷方　　　　　田口　政徳
4 豊後荷方　　　　　　千葉兵右衛門
5 松坂荷方　　　　　　田口　秀吉
6 西根山　　　　　　　千葉兵右衛門
7 生保内だし　（田口寿調）　　田口　秀吉
8 生保内だし　（田口トク調）　田口キヨノ
9 生保内だし　（田口桑松調）　田口　政徳
10 生保内飴売こ　　　　千葉兵右衛門
11 ひでこ節（田口トク調）　田口キヨノ
12 ひでこ節（田口寿調）　　田口　秀吉
13 ひでこ節（田口桑松調）　田口　政徳
14 りきや（力弥）節　　千葉兵右衛門
15 さんとがけ（山途駆け）節　千葉兵右衛門
〈木材の運搬作業で歌われたものである。戦前樺太へ出稼ぎに行った人々が持ち込んだ曲調らしい。〉
16 長者の山　　　　　　田口キヨノ
17 長者の山　　　　　　田口　秀吉
18 長者の山　　　　　　千葉兵右衛門
19 生保内岡本　　　　　田口キヨノ
〈生保内へは江戸時代末期に旅芸人により置きみやげされた民謡らしいが、その背景には生保内は宿場集落として発展した経歴をもつことともに、かなり県内で流行っていたことも背景として考慮していい。〉
20 杓子舞　　　　　　　千葉兵右衛門
21 田植踊唄　　　　　　田口キヨノ
22 よしこの節　　　　　田口　秀吉
23 姉こ節（糸取り節）　田口秀吉
24 さんさ節　　　　　　田口　秀吉
25 木挽き舞　　　　　　田口　秀吉
26 あじゃら節　　　　　加藤　精孝
〈在郷の人々の間で戯れ遊ぶ無礼講がままあったが、これを戯講（あじゃらこう）という。この風を思わせるのがこの唄である。追分～おばこ～追分～荷方節～おばこ～追分…と歌い継いで後半は手拍子に合わせて生保内だしの合唱を繰り返す形式を持つ。〉

←古民謡の記録保存では、どちらかというと鹿角地方が早かった。同地出身の中島耕一らの関心が影響していたと思う。

←当時、わらび座の荒木一さんがその収録に携わっていた。

←1の各おばこの締めくくりに囃子詞
♪アーオイサカサッサト
（なし）
♪ハァーオバコダオバコダ
♪コラーオバコダオバコダ
←三味線伴奏あり
　2の荷方節は大正時代に入り佐藤貞子の独特の歌い方で広まったという

←7～9、昭和6年に小玉暁村により変曲され「生保内節」誕生…と解説。
←10は三味線伴奏入り、所謂「おしもこ節」。
←11～13、鹿角地方の春の山唄である「そでこ」が伝播したもの…と解説。
←14は「仮名手本忠臣蔵」の由良之助の息子力弥を歌ったものらしいが、当地では明治～大正頃石神地区で歌い出された…と解説。一種の流行唄の移入か。
←15、玉川渓谷での金鉱発見を祝って歌い出された…と解説する。
←19、岡本新内は、後に昭和12年当時小野賢一郎や安藤和風らによって大いに脚光を浴びるが勿論小玉暁村も一論持っていた人であった。

←21、〈♪ソレナヤーアイ〉の囃子となる。

←24さんさ節は、文化8年に佐竹義和が当地を訪れた時に千葉与右衛門が献杯の御礼に歌ったとされる…と解説。似たような唄が湯沢市皆瀬村の板戸番楽の「蕨折り」の中にもある。〈雨の降る日にナーエ葦谷地と一たばビッキだ手振って堰跳ねだサンサー〉

生保内民謡を伝えた人－田口マンと田口コトブキ

田口マンさん

田口秀吉さんの祖母
嘉永3年（1850）生
　〜大正10年（1921）没
岩手南部の雫石より嫁いだ
生保内地域に「田植え踊り」の唄と踊りを伝えた人である

田口コトブキさん

田口秀吉さんの母
明治13年（1880）生
　〜昭和22年（1947）没
「おばこ節」「ひでこ節」などの古民謡を伝えた人である

　田口秀吉さんの唄は「田口コトブキ調」として伝承されている

〈写真は田口涼子さん所蔵〉

資料：姉こ節〈あねこ節〉について

◎『角館誌』第7巻「民俗芸能、民謡、民俗工芸編」（昭和46）の〈五、北浦民謡の分類と変遷〉中にこの民謡について解説が載る。
・当時執筆を担当した故冨木友治さんの考証になる。
・氏は、
　１．夜なべ仕事などで唄われた「じんく」を考証し、その「じんく」の流れを引いたものである。
　２．明治に入ってから歌われたものらしい。
　３．その後、殆ど歌う人がいなくなって忘れられていたが、それを昭和10年頃に旧中仙町豊川村の大工の円万蔵が我流で歌うようになり、「円万蔵じんく」を工夫するに至った。
とするものである。

◎これについて、生保内の故田口秀吉さんは
・明治の中頃に角館町より生保内村に来た糸取り女（繭より絹糸をとる作業をした女性）が伝えた唄として残っているものがある。
・起源はよく分かっていない。
・唄の終わりに、「ハッ」という調子がつく。
　と説明した。

◎この民謡は、「姉こ節」として『横手平鹿綜合郷土誌』（明治44）や『続横手郷土史』（昭和8）にも載るもので、仙北地方のみならず平鹿地方でも広く歌われていたことが知れる。
　また、『東北の童謡―仙北郡』（ＮＨＫ、昭和12）などを見ると、子守唄として収録されたことも知れるので、若い女性達の間で愛唱されていた「じんく」系の流行唄であったことも理解できる。
　唄の特徴は、
♪姉こどさ行ぐ　かこべこ提げて　雪の消だどさ　バッキャこ採に
♪姉こどさ行ぐ　かこべこたげゃで　裏の林さ　茸採に
などの歌詞でわかるとおり、〈♪姉こどさ行ぐ…〉で始まることで、それが唄の名称になった。
　生保内地方に伝わるものと、後に高橋市蔵が歌った「じんく」あるいは広く平鹿雄勝地方東麓に伝承された「さいさい」とは、少しずつ曲調は異なるが、恐らく明治に入って南部の「いろは口説」や「騒ぎじんく」「なにゃとやら」などの類の曲調が入り交じる形で伝播・移入され、秋田の県南を中心に流行ったものと、私は考えている。
　もちろん、「はいや・おけさ」の曲調を持つ「塩釜」などとともに、平鹿雄勝地方の盆踊唄などにも影響を与えたものであろう。

【参考資料】田口秀吉さんの民謡研究から

・数多くの生保内民謡を研究し、かつ自身も歌い継ぐ力量を示した田口秀吉さん。その小論がいくつかの冊子に記録されている。

・『民謡のおぼない』（昭和28年、生保内公民館刊）

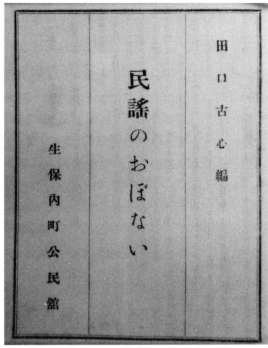

著書『民謡のおぼない』の表紙

本著書の「生保内東風（だし）」の項に、次のような注目すべき一文が載る。

＜…近年、生保内だしの代表のように盛んに謡はれている「なんぼ隠しても生保内衆は　知れる、藁で髪結て編笠で」は、これは、他村の民謡歌詞にある「なんぼかくしても○○○は知れる　藁で髪結て手ばなかむ」の転化した侮辱の詞で、元来は土地に無かったものを、中川村小玉暁村が改作の上唄い広めたものであることを、ことわっておく。＞

これを踏まえて氏は、その歌詞を解説で戒める形をとり、本文中には載せなかった。

生前、秀吉さんは事ある毎に批判されていたことが印象に残っている。秋田民謡研究の祖・暁村への厳しい批判の姿勢になろう。やはり、

『民謡のおぼない』に載る「姉こ節」

この歌詞は愛唱すべきではないなと私も考えている。中川村は、現在の仙北市角館の中川である。

また、民謡の分類で、生保内古来の民謡として、「生保内東風」「しゅでこ節」「生保内おばこ節」としたところに興味を覚える。他はすべて「郷土化された民謡」とした。「姉こ節」もその仲間に入っている。

・『田沢湖町史』（昭和41年、田沢湖町教育委員会刊）

その＜第七章　郷土芸能＞は氏が執筆した。田沢湖町に伝承されてきた民謡を収載したものである。昭和28年に著した『民謡のおぼない』をベースに書き記している。

・『出羽路』第47号（昭和47年、秋田県文化財保護協会刊）

その＜田沢湖周辺の民俗芸能について＞を執筆している。

これには、毎年8月15、16日に生保内神社例祭で奉納される踊囃子や奉納芸能が詳しく解説されている。その一つの「しゅでこ節」については、これは藩政時代に藩用薪（おたきぎ）を納めてきた歴史を背景に、この唄に思いを込めて歌い継いできたことを記している。「しゅでこ節」即ち「ひでこ節」を「秀子節」と表記させた一因を思いうかべる。

あとがき

　一年の半年は雪に埋もれて暮らすことの多い東北の人々は、「唄っこ」即ち「民謡」のある風景の中で生活を豊かに彩ってきた。とりわけ、秋田の人々にとり「唄っこ」はまさに生活の一部であった。盆踊りのときも、酒盛りなどの席でも、あるいは農作業や土木作業のときでも、そして、季節の中で催されたお祭りのときでも、これは切り離せない心の文化であった。

　ところで、秋田では「唄っこ」といえば、その一つに必ずといってよいほど「おばこ節」をあげたくなる人が多いのではないだろうか。そこで、私はこれについて一言ふれることで、あとがきにかえてみたい。

　秋田の土崎の商人であった近藤源八が明治期に著した『羽陰温故誌』には幕末から明治にかけての秋田の風俗や出来事などがよく記録されている。この中に、恐らく明治期に多くの人々に愛唱されていたであろう「オハコ節」がかなり詳しく記されているが、私はここに注目し、本編でも項を立ててふれてみた。

　それには、今日私たちが知る「おばこ節」の歌詞がけっこう多く記されている。これらの歌詞は鄙びてはいるが、豊かに老若男女のやりとりを醸し出していると、著者はその内容に賛美を送っている。また、この唄で酒宴の席では即興の踊りも出て盛り上がっていたことも記されるなど、農村生活の中で定着していた「おばこ節」の記述も見逃せない。

　佐藤貞子とほぼ同時代を生きた声楽家、関屋敏子が習作として作曲した「秋田おばこ」のことも印象に残った。由利郡出身で彼女の師であった作曲家の小松耕輔。彼の母が歌う「おばこ節」の曲調がその作曲のもとになったと、彼は「関屋敏子を悼む」という追憶文の中で述べている。

　私は彼女の歌う「秋田おばこ」を何回となく聴いた。その曲調は歌曲にアレンジされてはいるが、「おばこの女王、佐藤貞子」の歌う「秋田おばこ」と同じ流れをもつものであった。

　貞子の歌う「秋田おばこ」は彼女の生地で歌われていた、いわゆる「神代おばこ」である。多少抑揚のある「神代おばこ」の特徴を残しながら貞子たちによって「秋田おばこ」が工夫された。これが県内各地に広まったのである。

昭和20年代の山形県最上地方、大沢差首鍋(さしなべ)の風景。
この地域一帯では「大沢おばこ」が女性達の間で愛唱されてきたという。
この唄っこが仙北の田沢湖周辺や由利郡鳥海の直根地方で歌われてきた
「おばこ節」などとつながる曲調を思わせてくれる。

小松耕輔の母も愛唱したであろう＜♪オエサガサッサァ…＞の囃子詞も入る「秋田おばこ」が、美しくかつ可愛らしく仕上がった「関屋敏子の秋田おばこ」を生むことにもなったのである。

その由利郡の旧鳥海町直根（ひたね）には「直根おばこ」が伝承されている。昭和５５年に秋田魁新報社より発行された『鳥海山麓のわらべ歌と民謡』という小冊子に、その歌詞と楽譜が載る。

♪おばこぁ　ながいそで　わだしは　ストンと惚れたでぇす
♪今の　十五や七　里芋なんどの　葉の露だ
♪少し　さわるどど　ころころころんで　露落ちる

と歌われるが、最上の「大沢おばこ」や「仙北おばこ」に似た歌詞を持ち、その関連を思わせる。

「直根おばこ」は地元の中直根の前野沢村に伝わっている「前の沢番楽」の＜餅つき＞という余興芸の時にも歌われている。曲調は、庄内地方のものよりは「仙北おばこ」や「大沢おばこ」などに似ている。「おばこ節」の伝播や定着を考える上で参考になる事例だろう。

「おばこ節」、特に佐藤貞子の歌う「秋田おばこ」は大正から昭和初期、秋田を代表する民謡となったが、その後、その味は黒沢三一や鳥井森鈴、加賀谷かね子へと受け継がれ、彼等の歌声で多くの人々が愛唱した。そして、戦後の昭和３０年にＮＨＫのど自慢全国大会で日本一となった千葉千枝子の歌う「秋田おばこ」が誕生した。

しかしながら、時代も変わり、舞台で華やかに歌い踊られる民謡とはなっても、やはり、気の合うもの同士が酒を酌み交わしながら歌う「おばこ節」に変わらぬ味を感じるのは私だけであろうか。

数多くの民謡人が育て上げてきた民謡は、それを愛唱し受け入れてくれる人と地域があってこそ意味を持つものである。これが、「秋田の民謡、人と唄をたどる」をとおして感じ得た成果であった。

おわりに、本史料誌を作成するにあたり、あきた郷土芸能推進協議会の工藤一紘会長はじめ、同協議会の会員や鳥井森鈴など多くの民謡人のご親族の方々には、ひとかたならぬご協力をいただいたことに感謝申しあげたい。

また、編集・出版にあたり、ご協力、ご教示くださったイズミヤ出版の泉谷好子社長にも心よりお礼申しあげたい。

平成29年（2017）夏

麻　生　正　秋

■著者略歴■

麻生正秋（あそうまさあき）

昭和24年（1949）秋田市に生まれる。
秋田大学教育学部卒、大学では地理学を専攻。
学生時代より社会地理学、民俗地理学を基礎にしながら「民謡の伝播と定着に関する地域研究」を続ける。

秋田県内の高校勤務の他、昭和54年からの秋田県教育庁文化課勤務をかわきりに、県教育委員会では、主に文化行政、文化財行政、生涯学習行政等に携わる。

平成22年3月、秋田県立近代美術館副館長を最後に退職。

現在、あきた郷土芸能推進協議会事務局長、秋田県歴史研究者・研究団体協議会理事等を務める。

著書に『雪国秋田暮らしと民謡』（2005）、『ふるさと秋田・民謡ノート』（2011）等。

この他『秋田歴研協会誌』に「記録された五城目の盆踊り」「秋田民謡史」などの民謡研究の小論を発表する。

現住所：〒012-1135 秋田県雄勝郡羽後町鹿内字杉ノ沢51

史料：近・現代の秋田民謡

秋田の民謡、人と唄をたどる

2017年10月17日　初版発行

編著者	麻生正秋

発行所	イズミヤ出版 秋田県横手市十文字町梨木字家東2 電話　0182(42)2130
印刷製本	有限会社イズミヤ印刷 秋田県横手市十文字町梨木字家東2 電話　0182(42)2130
表紙絵	荒井美緒

HP:http://www.izumiya-p.com/
✉:izumiya@izumiya-p.com
© 2017,Masaaki Aso,Printed in Japan
落丁、乱丁はお取替え致します。

ISBN978-4-904374-31-3　C0073